オールカラー

数字が苦手な人のための

簿記「超」入門

1年目の教科書

監修 今村 正

ナツメ社

はじめに

　簿記は、多くの数字を扱い、特有の専門用語が用いられます。そのため、簿記に対して苦手意識をもつ人も少なくないでしょう。この本は、「簿記を知りたい」「でも、数字を見るのも暗記をするのも苦手」という人に向けた入門書です。できるだけやさしい言葉と漫画で最低限必要なことをまとめました。

　もしあなたが、簿記を勉強するように勧められたものの、「経理の仕事をするわけではないから簿記の知識は必要ない」「会計ソフトを使っているから、簿記を知らなくても何とかなる」と思っているなら、本書を読んでみてください。ビジネスの現場では、簿記の知識があると役立つ場面がたくさんあります。業種や職種を問わず、きっとプラスになるはずです。

　本書が、簿記の用語やルールに慣れ、これから簿記を身につけていく最初のステップになればうれしく思います。

千代田パートナーズ税理士法人　代表社員税理士
今村　正

この本の登場人物

社長代理
花店勤務。はじめて簿記を勉強します

税理士さん
簿記入門者にわかりやすく簿記を説明します

猫
花店の看板猫。社長代理をサポートするニャ

CONTENTS

オールカラー 数字が苦手な人のための 簿記「超」入門

はじめに………002

PART 1
はじめに理解しておきたい 簿記の基本の「き」

漫画　簿記を知らなくても仕事はできる？………008
簿記を学ぶメリット　「お金のこと」がよくわかる………012
簿記ってなあに？①　お金の出入りを記録・整理する………014
簿記ってなあに？②　1年の区切りで報告書をつくる………016
報告書ってどんなもの？　経営状況をあきらかにする会社の「診断書」………018
決算書のキホン①　リッチに見えても経営はピンチかも!?………020
決算書のキホン②　本当の財産は「貸借対照表」でわかる………022
決算書のキホン③　売り上げが多くてももうかっていない!?………024
決算書のキホン④　本当のもうけは「損益計算書」でわかる………026

フローチャートでパッとわかる
簿記の流れをまとめて理解しよう………028

COLUMN 1　簿記検定ってどんなもの？………030

PART 2
数字が苦手でもよくわかる 仕訳のルール

漫画　花泥棒も、簿記では『取引』!?………032
簿記の決まり①　お金やモノの増減を「取引」という………034
簿記の決まり②　誰でもわかるグループ名《勘定科目》を使う………036
簿記の決まり③　1つの取引を2つの面から記録する………038
仕訳のしかた　勘定科目と金額を「仕訳のルール」で記入する………040

CONTENTS

早わかり表ですぐわかる
勘定科目と仕訳のルールをマスターしよう………046
資産グループ 046 ／負債グループ 049 ／純資産グループ 051 ／
収益グループ 052 ／費用グループ 053

COLUMN 2 勘定科目をすんなり覚えるコツ………056

PART 3
よくある取引を見てみよう
仕訳の基本パターン＆コツ

漫画 こんなときはどう仕訳する？　〜現金・預金編〜………058

現金・預金の取引①	手元にあるお金を銀行に預けた―現金の仕訳①………060
現金・預金の取引②	商品代金として小切手を受け取った―現金の仕訳②………063
現金・預金の取引③	商品を仕入れ小切手で支払った―当座預金の仕訳………064

漫画 ビジネスの基本を仕訳しよう　〜商品の売り買い編〜………067

商品の売り買い①	現金払いで商品を仕入れた―仕入の仕訳………068
商品の売り買い②	商品を販売して代金を受け取った―売上の仕訳①………070
商品の売り買い③	商品を返品された―売上の仕訳②………072
商品の売り買い④	あと払いの約束で商品を仕入れた―買掛金の仕訳………074
商品の売り買い⑤	あと払いの約束で商品を販売した―売掛金の仕訳………076
詳しく知りたい 手形の取引①	商品代金を手形で受け取った―受取手形の仕訳①………078
詳しく知りたい 手形の取引②	受け取った手形を期日前に使う―受取手形の仕訳②………080
詳しく知りたい 手形の取引③	仕入れの代金を手形で支払った―支払手形の仕訳………082

漫画 おまんじゅう代は何費なの？　〜経費の支払い編〜………084

経費の支払い①	社員に給料を支払った―給料手当の仕訳………085
経費の支払い②	結婚した社員にお祝い金を渡した―福利厚生費の仕訳………086
経費の支払い③	打ち合わせをしてコーヒー代を支払った―会議費の仕訳………088
経費の支払い④	取引先への手土産を購入した―交際費の仕訳………090

経費の支払い⑤	年末セールのチラシをつくった—広告宣伝費の仕訳………092
経費の支払い⑥	出張中の宿泊代や交通費を支払った—旅費交通費の仕訳………094
経費の支払い⑦	事務所用に空気清浄機を購入した—消耗品費の仕訳………096
詳しく知りたい 固定資産の取引①	商品保管用の冷蔵庫を購入した—器具・備品の仕訳………098
詳しく知りたい 固定資産の取引②	業務に使っていた自動車を売った—車両運搬具の仕訳………100

漫画 会社の活動はさまざま 〜その他の取引編〜………103

その他の取引①	株を買った　株を売った—有価証券の仕訳………104
その他の取引②	社内貸付制度で社員にお金を貸した—貸付金の仕訳………106
その他の取引③	信用金庫からお金を借りた—借入金の仕訳………108
その他の取引④	パソコンを翌月払いで買った—未払金の仕訳………110
その他の取引⑤	商品の注文があり内金を受け取った—前受金の仕訳………112
その他の取引⑥	出張前にひとまず10万円支給した—仮払金の仕訳………114
その他の取引⑦	原因がわからない入金があった—仮受金の仕訳………116
その他の取引⑧	給料から税金を天引きした—預り金の仕訳………118
その他の取引⑨	開業資金を口座に入金した—資本金の仕訳………120

COLUMN 3　伝票や帳簿を書く心得は……………122

PART 4
日常の手続きはこれでOK
帳簿記入と伝票会計

漫画「会計ソフトにお任せ」から一歩前へ………124

日常業務はこれだけ！	毎日の取引をこまめに記録する………126
仕訳帳を使う場合	すべての取引を日付順に記入する………128
伝票を使う場合	1つの取引を1枚のカードに記入する………130
伝票の使い方①	現金が出ていったら「出金伝票」………132
伝票の使い方②	現金が入ってきたら「入金伝票」………133
伝票の使い方③	現金以外の取引には「振替伝票」………134
総勘定元帳への転記	仕訳帳から科目ごとに書き写す………136

CONTENTS

総勘定元帳への転記	伝票から科目ごとに書き写す………138
あると便利な帳簿	「補助簿」をつけて取引を詳しく知ろう………140
COLUMN 4	計算が速く、楽になる電卓操作………144

PART 5
年に一度の総まとめ
決算の手続き

漫画	決算期は本当に忙しいの!?………146
決算業務はこれだけ！	決算書をつくり1年の記録をまとめる………148
試算表の作成	一覧表をつくりミスやモレをチェック………150
決算整理①	売れ残りをチェック！「売上原価」を計算する………152
決算整理②	お金が返ってこないかも!?「貸倒引当金」を用意する………154
決算整理③	資産の価値を見直して「減価償却費」を計算する………156
決算整理④	原因がわからないままの現金の過不足を処理する………159
決算整理⑤	年度をまたぐお金は当期と次期に分ける………160
決算整理⑥	未使用の消耗品と使った分を区別する………165
精算表の作成	試算表と決算整理を1つにまとめる………166
決算書の作成①	損益計算書を完成させる………176
詳しく知りたい	損益計算書（報告式）の基本フォームと見方………178
決算書の作成②	貸借対照表を完成させる………180
詳しく知りたい	貸借対照表の基本フォームと見方………182
漫画	簿記の道はまだまだ続く！………184

お役立ち用語集………186

勘定科目＆キーワードさくいん………189

PART 1

はじめに理解しておきたい
簿記の基本の「き」

簿記って
どんなことだろう？

PART1では、はじめて簿記を
学ぼうとするみなさんに、
知っておきたい簿記の
基礎知識をわかりやすく
紹介します

簿記を知らなくても仕事はできる？

社長！？
もしもし？
ツーツーツーツー
まいったなぁ……どうしよう…
しばらくってどのくらいだろう？
入院なのかなぁ…
全部任せるって…
ということは…
じゃああれもこれも
していいってことかなぁ？
なんか楽しくなってきたぞ
ポジティブ
あの花仕入れちゃおうかな
社長代理
これどうです？
いいでしょ？これ
社長代理？
社長代理
これどうしますか？
ボクのこと？
社長代理
入金は
どうなってるの？
請求書
社長代理
伝票処理お願いします
社長代理
出張費は？
社長代理
融資を検討
されませんか？
○○銀行

社長代理！
そんなこと
わからないよぉ～
おまえ社長から
なんか聞いてない？
ニャー
ん？
社長代理♡
こまったら
↓に連絡して♡
ニャ
こんにちは…
いらっしゃい
税理士の今村です
社長からうかがってますよ
思ったより早かったけど
うちのチーフ
助けてやってくれる？
自立させたいのよ～
ふ～ん
大丈夫、
しっかりサポートしますから
がんばりましょう！
たすかる～♪

社長代理を務めるには
まずはビジネスのこと
お金のことを知らないとね
それには
簿記の勉強をするのが
最適なんですよ
ボキ？
簿記がわかれば
ビジネスの世界のしくみもわかるし、
お金のことがよくわかるの
なんか
たいへんそう…
できるかなあ
簿記は中世にうまれた
お金やモノの記録術で
世界中で使われている
超便利ツールなんだから！
だいじょうぶ♫
社長
代理！！
大丈夫！
しっかり勉強して
お店大きくしちゃって
社長になる勢いで
いきましょうよ！
ボク？
よっ!! 社長!! 代理
うん…
がんばろうかな！
てへへ♫
ね!!

簿記を学ぶメリット
「お金のこと」が よくわかる

ビジネスとは「お金が動くこと」。そのお金の記録である
「簿記」の知識は、あらゆる人に役立ちます

> 何で簿記を知っておいたほうがいいのかな？
> 経理担当者は別にいるし、必要ないよね……？

> いいえ、大アリですよ！　簿記は「お金」の話。
> 仕事とお金は切り離せないものですから

> ふ〜ん。でも、経理以外でどう役立つの？

> まず、会計用語やビジネスで扱う数字が理解できるようになります。そして、会社のお金がどう動くのかわかり、コスト感覚も身につきます。一緒に働く人からの信頼もアップしますよ！

■ 簿記の知識は"社会人のマナー"

「売上目標〇〇万円」「予算〇〇万円」「経費の15％カット」「給料3％アップ」など、ビジネスにはいつも「お金」がついてまわります。そのため、さまざまな人と**スムーズに仕事を進めるには、お金についてきちんと理解しておく**ことが欠かせません。

　適切な電話対応や敬語などのビジネスマナーと同じように、お金をつかさどる「簿記」の基本も、社会人が身につけておきたい知識のひとつなのです。

どんな仕事でも簿記の知識は役に立つ

"なんとなく"を卒業！

メリット
効率的な経営管理・判断ができる

経営者Aさん

「数字」という客観的な評価で経営状況を把握したうえで、大事な判断ができるようになった。

信頼される！

メリット
知識の裏づけで実務がはかどる

経理部Bさん

仕事が遅くミスが多くて困っていたが、簿記がわかってからはスイスイ進められるように。

チャンスが広がる！

メリット
相手の経営状況に合った提案や交渉ができる

営業部Cさん

気合と根性で押す営業方法だったが、相手の経営状況をよく見て適切な値段交渉ができるように。

コスト感覚が身につく！

メリット
コストをふまえた開発や設計ができる

システム事業部Dさん

適正価格になるよう提案書を作成できるようになった。会計システムの開発も対応可能に。

視野が広がる！

メリット
ビジネスのしくみがわかる。就職にも役立つ

学生Eさん

会計用語やビジネスの流れがわかった。簿記検定の資格で、進学や就職に役立つことも。

check! ▶p30

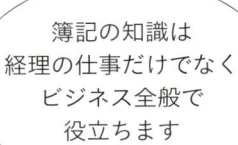

> 簿記の知識は経理の仕事だけでなくビジネス全般で役立ちます

PART1 ▶ はじめに理解しておきたい 簿記の基本の「き」

簿記ってなあに？①
お金の出入りを記録・整理する

「○○が何円減った」「○○が何円増えた」
こうした動きを記録・整理する方法が「簿記」です

えーっと、そもそも簿記って何ですか？

簡単にいうと、「お金の出入りを記録すること」。
家計簿やお小遣い帳も、簿記のひとつなの

帳簿（ノートのこと）に記入する＝「簿記」

■お金やモノの記録が「簿記」

　家計簿やお小遣い帳には「いくらお金が入ってきたか」「何にいくら使ったか」を記録していきますね。このように、**お金の出入りを帳簿（ノート）などに記録する技術を「簿記」といいます。**家計簿も会社の簿記も、同じ仲間です。

　もう少し説明すると、お金の出入りを中心に記録する家計簿のような方法は「単式簿記」と呼びます。一方、会社の簿記はちょっと複雑。会社では、はるかに多くのお金やモノがさまざまな形で出入りするため、家計簿と同じ記録法では追いつかないのです。そこで登場する方法が「複式簿記」（一般に、簿記といえば複式簿記のこと）。**複式簿記なら、現金以外の受け取り方法や、現金以外の「モノ」の増減も、正確に記録することができます。**

簿記は会社の"経済活動"をひとつにまとめる

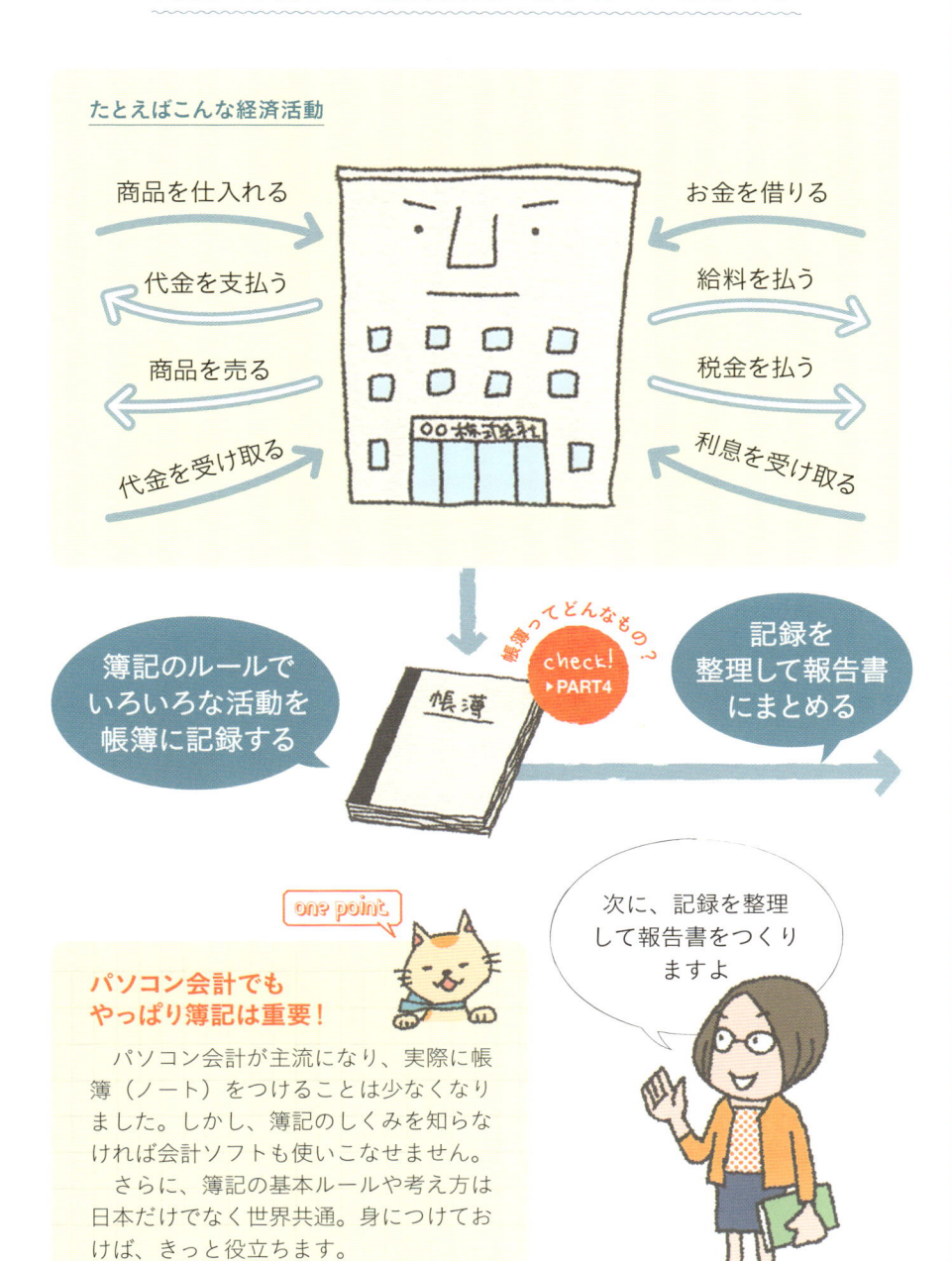

PART1 ▶ はじめに理解しておきたい 簿記の基本の「き」

たとえばこんな経済活動

- 商品を仕入れる →
- 代金を支払う ←
- 商品を売る ←
- 代金を受け取る ←
- お金を借りる ←
- 給料を払う →
- 税金を払う →
- 利息を受け取る ←

簿記のルールでいろいろな活動を帳簿に記録する

帳簿ってどんなもの？ check! ▶PART4

記録を整理して報告書にまとめる

次に、記録を整理して報告書をつくりますよ

one point

パソコン会計でもやっぱり簿記は重要！

　パソコン会計が主流になり、実際に帳簿（ノート）をつけることは少なくなりました。しかし、簿記のしくみを知らなければ会計ソフトも使いこなせません。

　さらに、簿記の基本ルールや考え方は日本だけでなく世界共通。身につけておけば、きっと役立ちます。

簿記ってなあに？②
1年の区切りで報告書をつくる

一定の節目に、それまでの記録をまとめて
会社の成績を表す「報告書」をつくります

> 簿記は、日々記録するだけではありません。
> 一定の区切りで報告書にまとめます。
> これこそ、簿記の最終目標です

記録から報告書をつくるまでの流れ

● 3月期決算（4月1日〜3月31日までの1年間を1会計期間として報告書を作成する）の場合

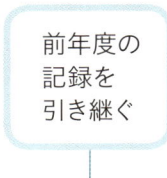

前年度の記録を引き継ぐ

日常の手続き

日々の活動を簿記のルールで記録する

どう記録するか？
check!
▶PART 2,3,4へ

| 3月 Mar. | 4月 Apr. | 5月 May | 6月 Jun. | 7月 Jul. | 8月 Aug. | 9月 Sep. | 10月 Oct. |

前期の会計期間　4/1 ←　　　　　　　　当期の会計期間※

期首※　　　　　　　　　　　　　　　　**期中**※

※会計期間とは、報告書をつくるために区切った一定の期間（通常1年）のこと。会計期間のはじまりの日を期首、おわりの日を期末、その間を期中という。

■ **報告書の作成は簿記のミッション！**

　すべての会社は1年に1回以上、会社の経営状態を表す「決算報告書」をつくることが義務づけられています。4月1日〜3月31日までの期間で区切り、3月末に報告書の作成を行う会社が多いですが、1年以内であれば期間設定は会社の自由。上場企業なら四半期決算（年に4回、報告書を開示する）になりますし、経営状況をスピーディかつ正確に把握するため、**毎月簡単な報告書をつくる会社も**たくさんあります。

決算の手続き

記録を集計・整理して報告書にまとめる

どうまとめるか？
check!
▶PART5へ

- この時点でいくら財産があるか
- この期間にどれだけもうけたか

次年度に記録を引き継ぐ

ある期間のもうけや損を計算して財産状況をまとめることを「決算」といいます

11月 Nov. / 12月 Dec. / 1月 Jan. / 2月 Feb. / 3月 Mar. / 4月 Apr. / 5月 May / 6月 Jun.

→ 3/31

期末※（決算日）

次期の会計期間

PART1 ▶ はじめに理解しておきたい 簿記の基本の「き」

報告書ってどんなもの？
経営状況をあきらかにする会社の「診断書」

会社の経済活動によって得したり、損したりする人が
決算報告書を必要としています

> 決算報告書って、数字がズラリと並んだ表ですよね。チラッと見たけどむずかしそうで……

> パッと見るとむずかしそうですが、健康診断書と同じですよ。たとえば、健康診断書を見れば、「体重が増えたからダイエットしよう」「血圧が高いから塩分を控えよう」などと判断できるでしょう？

> たしかに！　「肝臓の数値が高いからお酒を減らさなきゃ」とかね！

> 決算報告書も診断書と同じ。「この会社はもうかっている」「財産も多いけれど借金も多い」など、**会社の経営状況や財政状況がつかめます**

■会社の「今」を知り、「将来」を考える

　決算の報告書は、その期間に会社がもうかったかどうか、その時点でどのくらいの財産があるかをあきらかにします。

　家計簿をつけている人がそれを見直して「外食費を月5000円減らして貯金を月5000円増やそう」と考えるように、会社も**決算の報告書をもとに、将来の経営方針を判断していくのです**。

簿記で作成する2つの報告書

決算時に簿記で作成するおもな報告書は下の2つです。これらの決算報告書をまとめて「決算書」と呼びます。

それまでの積み重ね

貸借対照表
決算時点での会社の財産がわかる

現金や商品、建物といった資産をどのくらいもっているか、借金がどのくらいあるかを示す。

1年の成果

損益計算書
会計期間の会社のもうけがわかる

どんな収入をいくら得たか、どんな支払いをいくらしたか、最終的にいくらもうけ（損し）たかを示す。

- この会社はいくらもうけたかな？
- 倒産する心配はないかな？
- これから成長する可能性はあるかな？

銀行／株主／従業員／取引先／税務署

利害関係者

いろいろな人が報告書を見る

報告書を必要としているのは、取引先や株主のように会社と利害関係にあるすべての人たち。さらに上場企業（証券会社に株式公開をしている会社）は報告書を世間に公開する義務があります。

PART1 ▶ はじめに理解しておきたい 簿記の基本の「き」

決算書のキホン①
リッチに見えても経営はピンチかも!?

都心に立派な自社ビルをもち、幅広く仕事をする会社でも
「倒産の心配はない」とはいい切れません

突然ですが、もし取引をするなら、次のAとBの会社、どちらを選びますか?

問題 財政状態がいいのはどっち?

A 資産1億円
資産1億円の会社

当然、Ⓐの会社だよね?

or

B 資産3,000万円
資産3000万円の会社

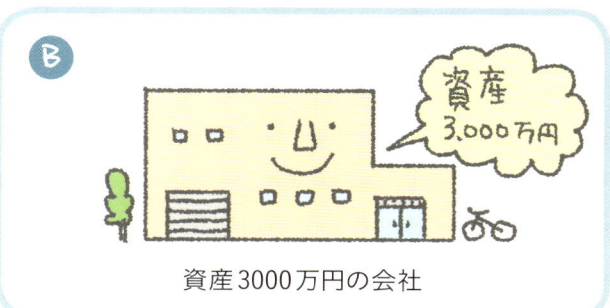

その財産は本当に自分のもの？

土地や商品や現金をたくさんもっていても、借金のように返さなくてはならないお金で手に入れたものなら、正味の財産とはいえません。

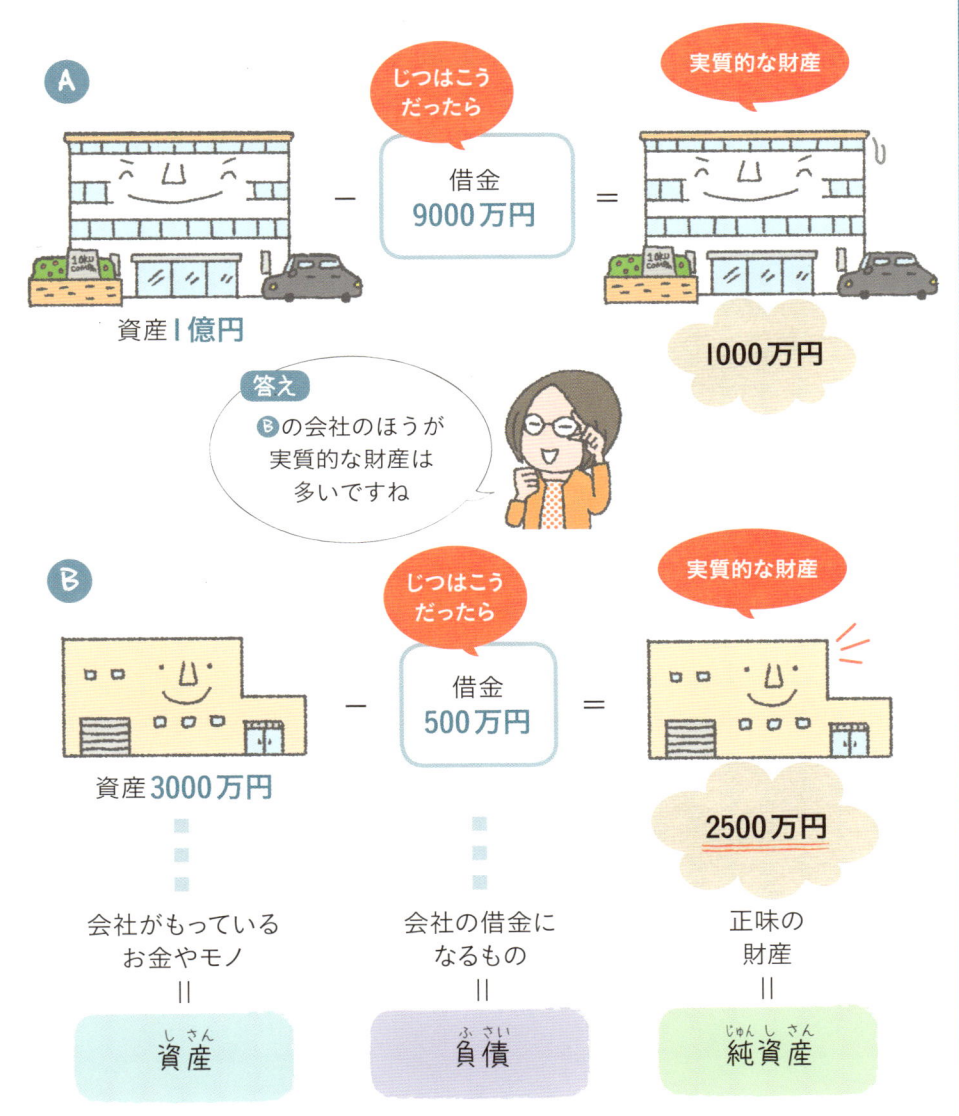

A

資産1億円 － 借金9000万円（じつはこうだったら） ＝ 実質的な財産 1000万円

答え
Bの会社のほうが実質的な財産は多いですね

B

資産3000万円 － 借金500万円（じつはこうだったら） ＝ 実質的な財産 2500万円

会社がもっているお金やモノ	会社の借金になるもの	正味の財産
‖	‖	‖
資産（しさん）	負債（ふさい）	純資産（じゅんしさん）

本当に財産があるかチェックできる報告書を見ていきましょう！

PART1 ▶ はじめに理解しておきたい 簿記の基本の「き」

決算書のキホン②
本当の財産は「貸借対照表」でわかる

プラスの財産、マイナスの財産、正味の財産を示すのが
会社の真実の姿がわかるといわれる「貸借対照表」

> 本当に財産があるかどうかは、「資産」「負債」「純資産」を見ないとわからないんですね……

> そう！　この**「資産」「負債」「純資産」をまとめた表こそ、簿記で作成する「貸借対照表」**です

3つのグループを理解しよう

資産
会社がもつ**プラスの財産**。現金や商品、建物など目に見えるもの、後日受け取る約束の商品代金など目に見えないものがある。

負債
将来、返さなくてはならないため、**マイナスの財産**と考えられる。借りたお金、まだ払っていない商品代金など。

純資産
正味の財産のこと。株主から出資されたお金や、会社がもうけて貯めてきたお金。返済する必要のない資金ともいえる。

この3つの要素は「貸借対照表」にまとめられる

3つの関係を式で表すとこうなる

$$資産 - 負債 = 純資産$$

いまある資産からいずれ返す財産を引くと、純粋な資産

式を変形する（負債を移行する）と

$$資産 = 負債 + 純資産$$

いまある資産は、いずれ返す財産と純粋な資産の合計

これをひとつの表にまとめたものが

「貸借対照表」

| 資産 | 負債 |
| | 純資産 |

資金の運用 ← → 資金の調達

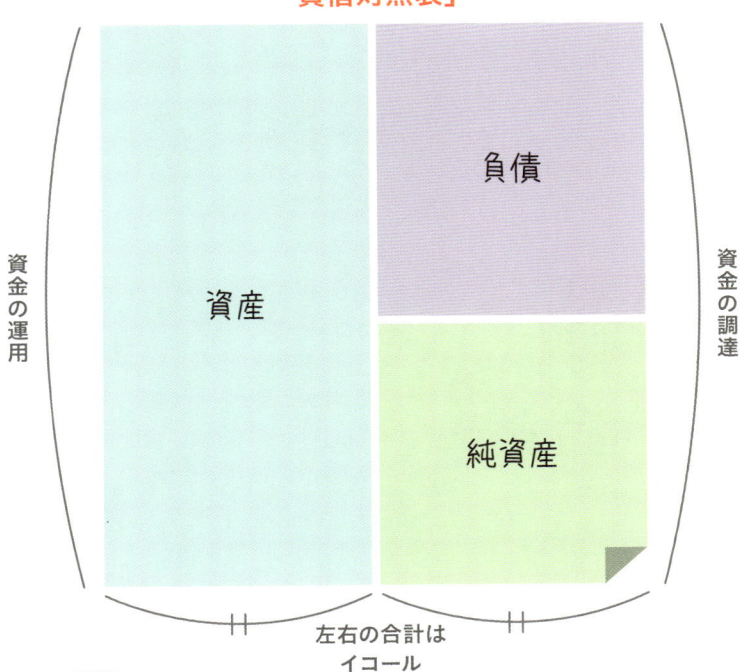

左右の合計はイコール

表の右側（負債と純資産）はお金をどう調達したか、つまり「資金の**調達**」を示します

左側（資産）はそのお金をどう使ったか、つまり「資金の**運用**」を示すんだね

PART1 ▶ はじめに理解しておきたい 簿記の基本の「き」

決算書のキホン③
売り上げが多くても もうかっていない!?

繁盛しているお店で、たくさん商品が売れても
「もうかっている」とはかぎりません

> さて、では次の問題。もうかっている
> お店はどちらでしょうか？

問題 もうけているのはどっち？

A 
50円の
コロッケを
1日に1万個
売ったお店

or

B 
5000円の
豪華ランチを
1日に
100セット
売ったお店

> あれ？ どっちも売り上げは50万円だよ!?

かかったお金を見てみよう

いくら高収入でも浪費家だったらお金は貯まらないもの。会社も同じです。入ってくるお金だけでなく、出ていくお金にも注目しましょう。

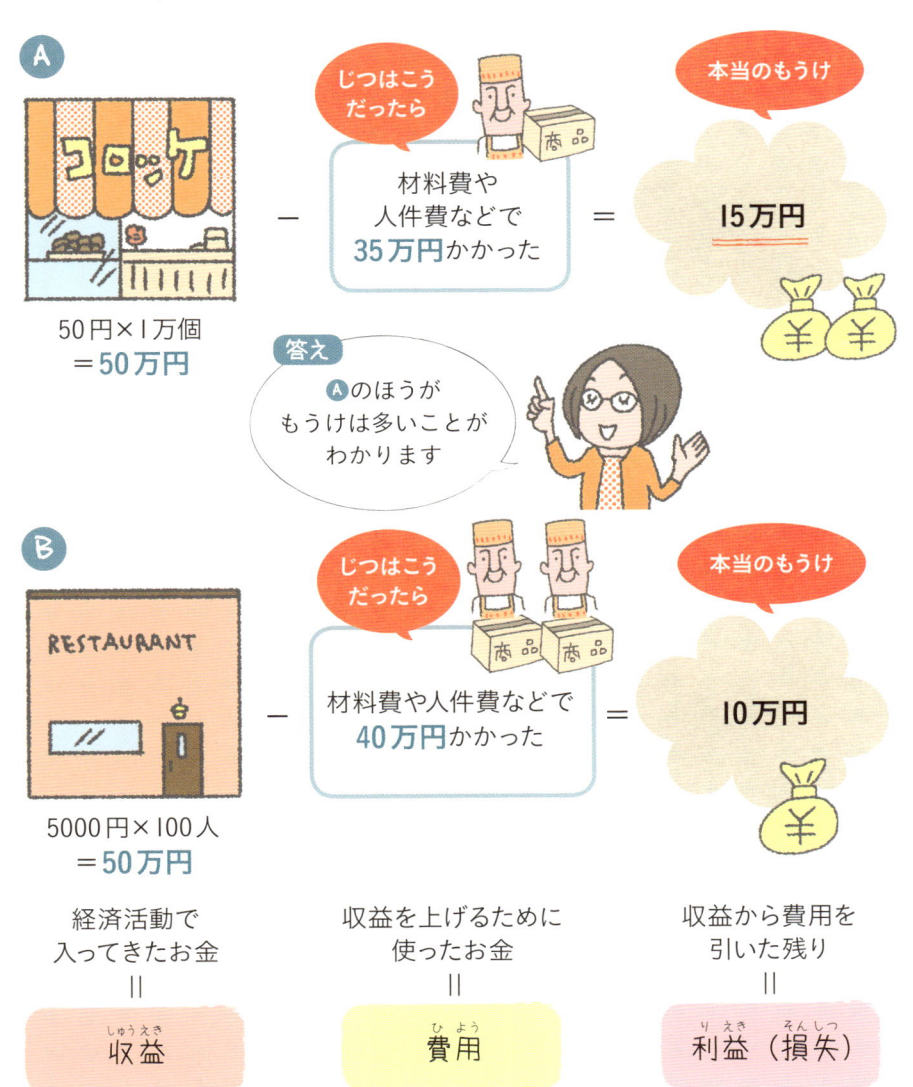

A

50円×1万個
＝**50万円**

－ じつはこうだったら　材料費や人件費などで**35万円**かかった ＝ 本当のもうけ **15万円**

答え：Aのほうがもうけは多いことがわかります

B

5000円×100人
＝**50万円**

－ じつはこうだったら　材料費や人件費などで**40万円**かかった ＝ 本当のもうけ **10万円**

経済活動で入ってきたお金	収益を上げるために使ったお金	収益から費用を引いた残り
＝	＝	＝
収益（しゅうえき）	費用（ひよう）	利益（損失）（りえき・そんしつ）

→ 本当のもうけがわかる報告書を見ていきましょう！

PART1 ▶ はじめに理解しておきたい 簿記の基本の「き」

決算書のキホン④
本当のもうけは「損益計算書」でわかる

その会社が1年間でどれくらいもうけたのか示すのが「損益計算書」です

本当のもうけを知るには「収益」と「費用」をチェックしないと、ですね

そう。そして**「収益」と「費用」をまとめた表が、簿記で作成する「損益計算書」**です

3つのグループを理解しよう

収益

商品の販売やサービスの提供で得た収入（売上）のほか、財テク※などの会社の活動で得た収入。もうけ（利益）のもと。

費用

収益を得るためにかかった出費。商品を仕入れる費用や、従業員の給料、交通費、水道光熱費、家賃などさまざま。

利益

すべての収益からすべての費用を差し引いた残りが利益。マイナスのときは「損失」、つまり赤字となる。

この3つの要素は「損益計算書」にまとめられる

※不動産や株の売買など、本業の商売以外での資産運用を財テクという。

3つの関係を式で表すと

収益 － 費用 ＝ 利益

入ってきたお金から使ったお金を引いたら、利益

式を変形する（項目を移行する）と

費用 ＋ 利益 ＝ 収益

使ったお金と利益の合計が、入ってきたお金

これをひとつの表にまとめたものが

「損益計算書」

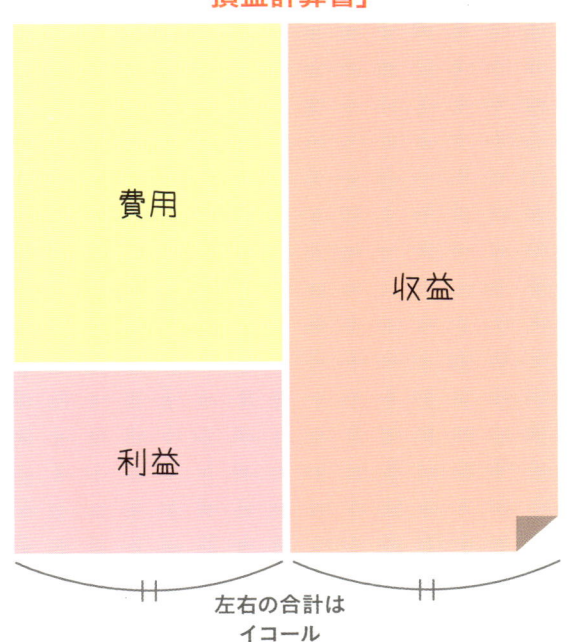

費用	収益
利益	

左右の合計はイコール

赤字の場合は？

収益よりも費用が多くかかると、損失がうまれます。3要素の関係は右の通りです

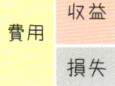

費用 ＝ 収益 ＋ 損失

費用	収益
	損失

PART1 ▶ はじめに理解しておきたい 簿記の基本の「き」

フローチャートでパッとわかる
簿記の流れをまとめて理解しよう

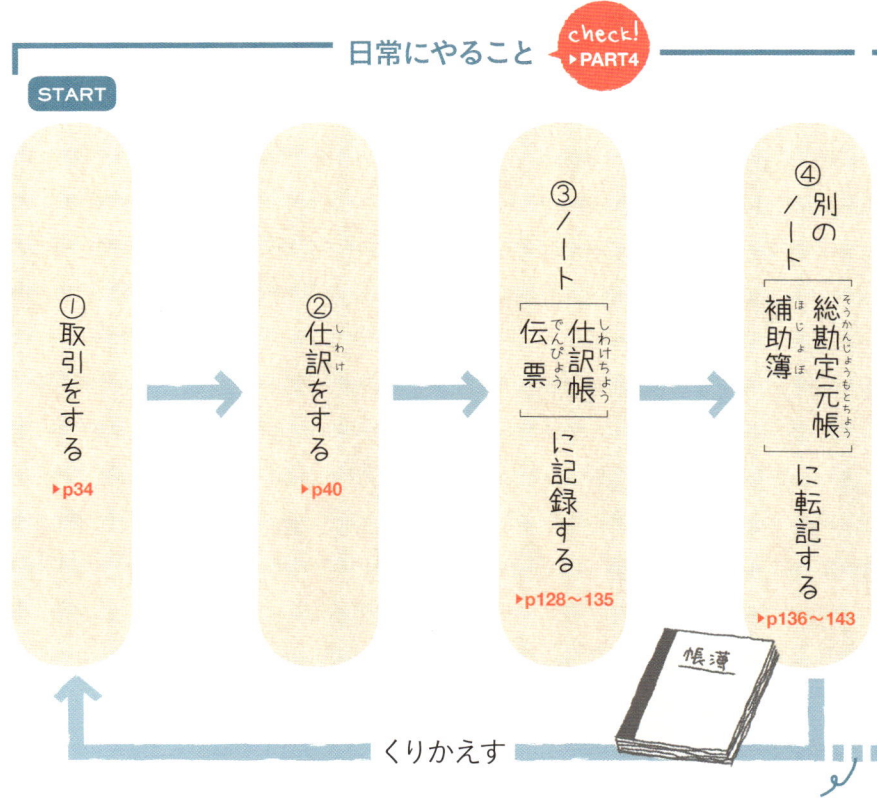

日常にやること check! ▶PART4

START

① 取引をする ▶p34

② 仕訳をする ▶p40

③ ノート [仕訳帳／伝票] に記録する ▶p128〜135

④ 別のノート [総勘定元帳／補助簿] に転記する ▶p136〜143

くりかえす

会計ソフトなどを使うと、日々の取引をパソコンに入力すれば決算報告書までほぼ自動で作成される。ただし、最初の入力や、書類の修正・チェックに簿記の知識は必要。

ふだんは「取引をしたら記録」をくりかえすのか

「試算表」は、決算時だけでなく、四半期ごとや毎月など日常的に作成する会社も多い。

「報告書」をつくるまでの一連の手続きは、下のように進めます。**「日常にやること」**と**「決算でやること」**の大まかな流れを見ておきましょう。

簿記特有の帳簿や書類がいくつも登場して、むずかしそうに思えるかもしれません。けれども中身はシンプル。**帳簿は「記録をつけるノート」**で、書類は**「たまった記録を整理してチェックするための一覧表」**です。

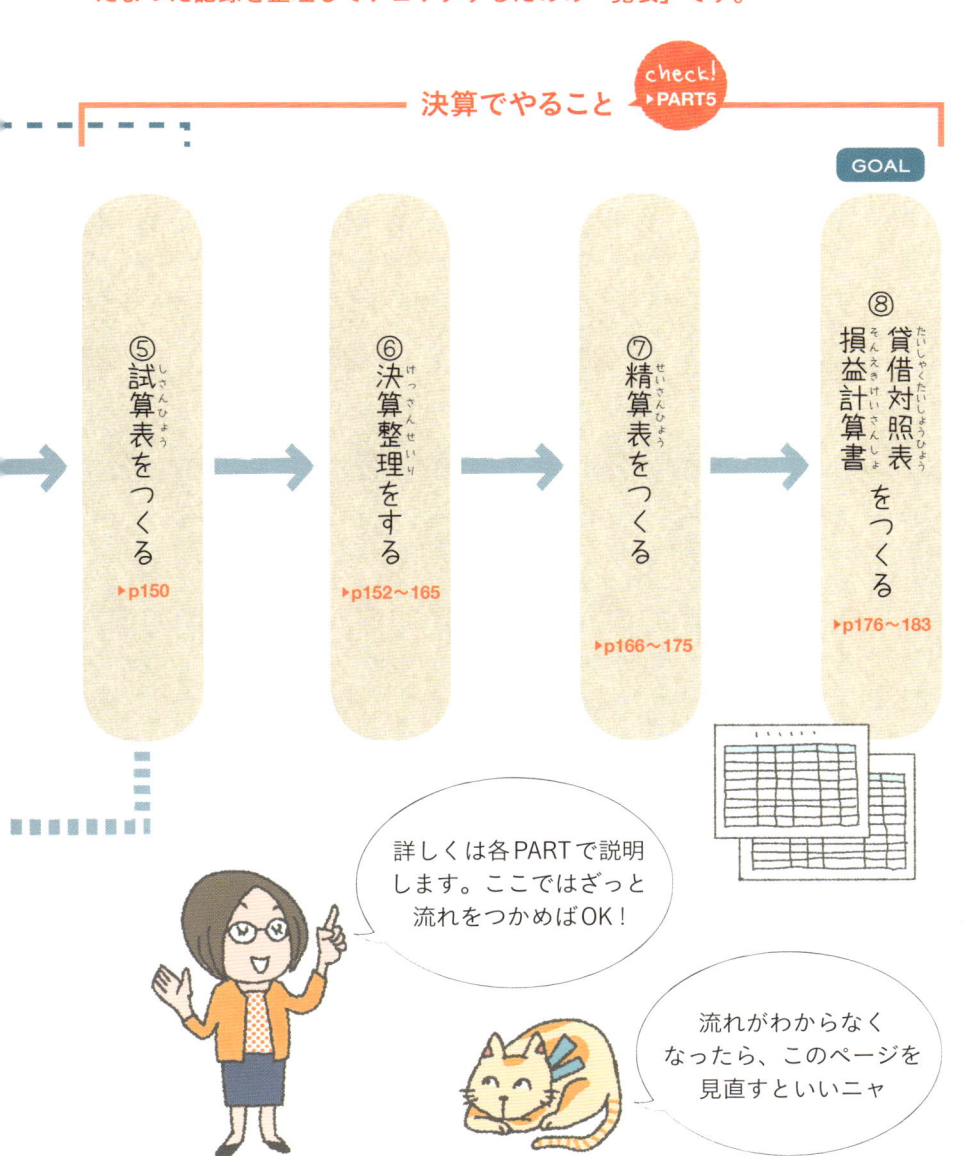

決算でやること　check! ▶PART5

GOAL

⑤ 試算表をつくる　▶p150

→ ⑥ 決算整理をする　▶p152〜165

→ ⑦ 精算表をつくる　▶p166〜175

→ ⑧ 貸借対照表・損益計算書をつくる　▶p176〜183

> 詳しくは各PARTで説明します。ここではざっと流れをつかめばOK！

> 流れがわからなくなったら、このページを見直すといいニャ

PART1 ▶ はじめに理解しておきたい 簿記の基本の「き」

COLUMN 1

合格すれば、就職や進学に有利！
簿記検定ってどんなもの？

> メジャーなのは「日商簿記検定」。
> キャリアアップを目指し、年間約55万人が受験します

　簿記に関する検定試験は、いくつかの団体によって複数実施されています。なかでも受験者数が多く、知名度も高いのが、各地の商工会議所が実施している「日商簿記検定」。1級から4級まであり、1級に合格すると税理士試験の受験資格が得られます。

　本書で解説する内容はだいたい3級レベル（個人企業や中小企業の経理事務に役立つ。簿記の基本知識を身につけ、経理関連書類を読むことができる程度）。ビジネスで必須の会計用語や基礎的な会社の数字を理解できるようになります。

日商簿記3級の検定情報

- 試験日 …… 年3回（2月、6月、11月）
- 試験会場 … 商工会議所によって異なる
- 試験時間 … 120分
- 受験資格 … とくになし（他の級との併願も可能）
- 合格基準 … 70点以上（100点満点）

検定ホームページアドレス　http://www.kentei.ne.jp/bookkeeping
検定情報ダイヤル　Tel. 03-5777-8600（受付時間8：00～22：00）

PART **2**

数字が苦手でもよくわかる
仕訳のルール

**数字は苦手。
暗記も苦手な人へ**

PART2では、最低限必要な
ルールとキーワードについて、
ポイントを絞って
説明します

花泥棒も、簿記では『取引』!?

ヒヒヒ
Flower
!!
ニャ
チュン
チュン
おはよ！
flower
さ〜！
今日もがんばるぞ！
うるさいな
カリカリ
あ〜〜!!
注文品の植木がない！
おはよう！
注文してた植木……
ん？
どうしたの？
あ！ あの……
……植木が……
商品が盗まれました……
え!? たいへん!!!!
でもそれ、ちゃんと帳簿にはつけとくのよ
花泥棒も帳簿に記録する
「取引」だから

え〜〜!!
盗まれたんですよ！
ドロボウがお金置いていくわけないし
でも簿記では
それも「取引」なんだよね
取引？
「取引」や「売上」など
一般的に使われる言葉でも
簿記で使う場合には
「簿記ならではの定義」
があるのよ
花泥棒との取引を
どう記録するの？？
「簿記のルール」を
しっかりおさえれば、
どんな取引も
記録できるようになるわ
ピー
ボキ
BOKI
外国語を学ぶときに
単語と文法をおさえるのが
大事なように
This is a Cat
簿記を学ぶときも、
必要な専門用語（単語）と
基本的な記録方法（文法）を
覚えればOKよ
ほぉー
専門用語
＋
記録方法
そうだ、私が注文した
植木は？
事務所に飾ろうかと思ってるの
それが盗まれたんです
なにー!?
ドロボウめ !!!!
ゆるさん !!!!
でしょー

簿記の決まり①
お金やモノの増減を「取引」という

簿記で記録する経済活動のことを「取引」といいます。
一般的な「取引」とは、少し意味合いが違います

> 来月からYホテルの装花をする契約を結びました！　さっそく、帳簿に記録しなくちゃ

> まぁ、おめでとうございます。
> でもその取引は、簿記の対象にはならないの

> え!?　取引って経営活動じゃないんですか？

■簿記の対象は"お金やモノが増減する"取引

　簿記では会社のさまざまな「取引」を記録していきますが、まずは取引という言葉の範囲をはっきりさせましょう。

　一般的には、商品の注文を受けたり、賃貸の契約を結んだりすることを取引といいます。ですが、これは簿記の「取引」に含まれません。**簿記の対象になるのは、お金やモノが増えたり減ったりしたときだけ**。注文を受けたり、契約をしただけでは財産に影響がないからです。

　一方で、商品を盗難されたり、火災で建物が損傷したりすることは、お金やモノの増減ですので、簿記の対象になるのです。

　こうした簿記ならではの独自ポイントをきちんとおさえておくと、理解がスムーズになります。

一般的な取引と簿記上の取引の違い

簿記では扱わないこと
注文を受けたり、契約書を交わしたりしただけではお金やモノは変化しないため、簿記では取引の対象にならない。

一般的な取引

- 見積書を提出した
- 業務委託契約を結んだ
- 商品を注文した
- 商品の注文を受けた
- 部屋を借りる契約をした

- 商品を仕入れた
- 代金を支払った
- お金を借りた
- 経費を支払った
- 商品を販売した
- 代金を受け取った
- 借りたお金を返した
- 給料を支払った

- 商品が壊れた
- 火災で倉庫が焼失した
- 商品を万引きされた

簿記上の取引

簿記で扱うこと
一般的には取引といわないことでも、お金やモノが増減することなら、簿記では取引の対象になる。

PART2 ▶ 数字が苦手でもよくわかる 仕訳のルール

簿記の決まり②
誰でもわかるグループ名《勘定科目（かんじょうかもく）》を使う

正確に記録し集計するには、表記の統一が大切です。
何の金額なのかを示す名目を「勘定科目」といいます

お小遣い帳をつけるとき、日付と金額のほかに何を書きますか？

ランチ代とか、電話代とか、給料とか、金額の内容を書きます

そうよね。そのとき、メニューがパンでもサンマ定食でも「ランチ代」と書くことが重要。
同じ内容のものは同じグループ名で記録するの。そうすれば正確に集計できるし、誰が見てもひと目でお金の内容がわかるのです

こうしたグループ名のことを
簿記では「勘定科目」と呼びます

なるほど〜。でも、「商品」や「給料」というグループ名はわかりやすいけど、何のことだかわからないグループ名も多いです……

心配ご無用！　よく使う勘定科目は限られています。慣れてしまえば英単語より簡単ですよ

同じ内容ごとにまとめ、勘定科目で分類する

- タクシー代
- 移動費用（電車）
- バス料金
- 地下鉄代

人によって呼び名が違うと混乱する

勘定科目は……

交通費

同じ内容のものは同じグループ名（勘定科目）でまとめ、整理する。

すべての勘定科目は5グループのどれかに属する

詳しくは study! ▶p46〜55

資産（しさん）
・現金　・預金
・商品　・売掛金
・建物
　　　　　　　など

負債（ふさい）
・買掛金
・支払手形
・借入金
　　　　　　　など

純資産（じゅんしさん）
・資本金
・資本準備金
　　　　　　　など

交通費は費用グループだニャ

費用（ひよう）
・仕入　　・通信費
・会議費　・保険料
・交通費
　　　　　　　など

収益（しゅうえき）
・売上
・受取手数料
・受取配当金
　　　　　　　など

PART2 ▶ 数字が苦手でもよくわかる 仕訳のルール

簿記の決まり③
1つの取引を 2つの面から記録する

「二面的」に記録することによって
より詳しく経営状態を把握できるようになります

会社の簿記と小遣い帳の違いは、なじみのないグループ名（勘定科目）だったんですね

違いはもう1つあるんです。それは、**「1つの取引を2つの面から記録すること」**です

1つの取引に2つの面？

そう。どんな取引もかならず2つの顔をもっているんですよ

■どんな取引にも2つの顔がある

　会社の簿記、つまり「複式簿記」（→p14）の「複式」とは、1つの取引を2つに分けて二面的に考えること。たとえば、「モノを買う取引」なら、「モノが手に入った」「お金が減った」という2つの側面があるように、**どんな取引にもかならず2つ以上の面があるのです。**

　二面的に記録すると、情報量は増えます。そのため、小遣い帳のようにお金の出入りだけを記録する単式簿記（→p14）よりも、はるかに詳しく経営状況をあきらかにできるのです。

取引は「原因」と「結果」、2つの顔をもつ

例 銀行からお金を300万円借りた

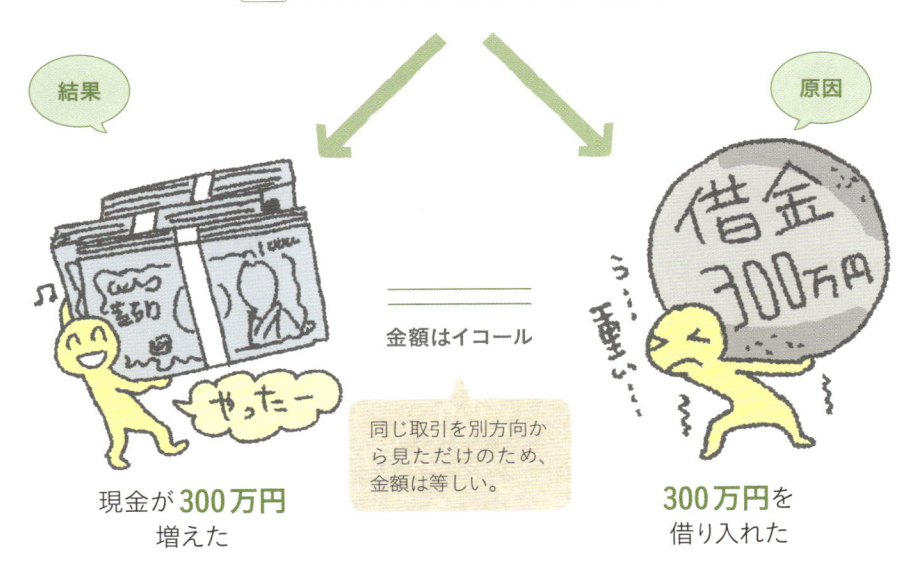

結果
現金が**300万円**増えた

金額はイコール

同じ取引を別方向から見ただけのため、金額は等しい。

原因
300万円を借り入れた

例 5000円の花束（商品）を販売した

結果
現金が**5000円**増えた

金額はイコール

原因
5000円の商品を売り上げた

PART2 ▼ 数字が苦手でもよくわかる 仕訳のルール

仕訳のしかた
勘定科目と金額を「仕訳のルール」で記入する

いよいよ、取引の記録方法を学びましょう。
使うのは、グループ名（勘定科目）と金額だけです

■「仕訳」＝2つに分けた取引を左右に書き分ける

　取引があったら、「グループ名（勘定科目）」と「金額」を記録します。これを「仕訳」といいます。**仕訳には、「1つの取引を2つに分解して、左右に書き分けて記録する」というルールがあります。**昔ながらのノート（帳簿）だけでなく、伝票や会計ソフトウェアなどを使うときも同じしくみで記録します。

　仕訳は簿記の土台にあたり、仕訳がわかれば簿記もわかるといえるくらい大切です。しくみはとても単純。しっかりマスターしましょう。

取引を2つに分けたら、下のような記入欄（Tフォーム）に書き分けます

【記入欄】

左側 → **借方**（かりかた）という

右側 → **貸方**（かしかた）という

Tフォーム
帳簿や伝票などの左右に書き分ける記入形式を簡略化したもの。

| 勘定科目 | 金額 | 勘定科目 | 金額 |

どっちに何を書くかは「仕訳のルール」で決まる！

仕訳のルール

大事！

左側に記入すること　　　　**右側に記入すること**

（借方）　　　　　　　　　　　　　　　　　　　　　　　（貸方）

資産の増加（＋）　　　　　　資産の減少（－）
負債の減少（－）　　　　　　負債の増加（＋）
純資産の減少（－）　　　　　純資産の増加（＋）
費用の発生（＋）　　　　　　費用の消滅（－）
収益の消滅（－）　　　　　　収益の発生（＋）

それぞれのプラス（＋）の位置は決算書と同じ

（左）　（右）　　　　　　（左）　（右）

| 資産 | 負債 |
| | 純資産 |

貸借対照表（→p23）

| 費用 | 収益 |
| 利益 | |

損益計算書（→p27）

（＋）なら決算書と同じ側、（－）なら反対側に書くってことだね！

PART2 ▼ 数字が苦手でもよくわかる 仕訳のルール

実際に「仕訳」をしてみよう

取引例 銀行から300万円を借りた

STEP 1 取引を2つに分ける

銀行から300万円を借りた

結果
現金300万円が増えた ← だから ← **原因**
300万円を借り入れた

コツ! まず原因と結果に分けましょう

Check! ▶p38

STEP 2 勘定科目を選ぶ

現金300万円が増えた
科目は
「現金」（資産グループ）

300万円を借り入れた
科目は
「借入金」（負債グループ）

コツ! 「現金」は「資産」に 「借り入れ（借入金）」は「負債」になります

Check! ▶p46〜55

STEP ③ 「仕訳のルール」をチェックして左右に書き分ける

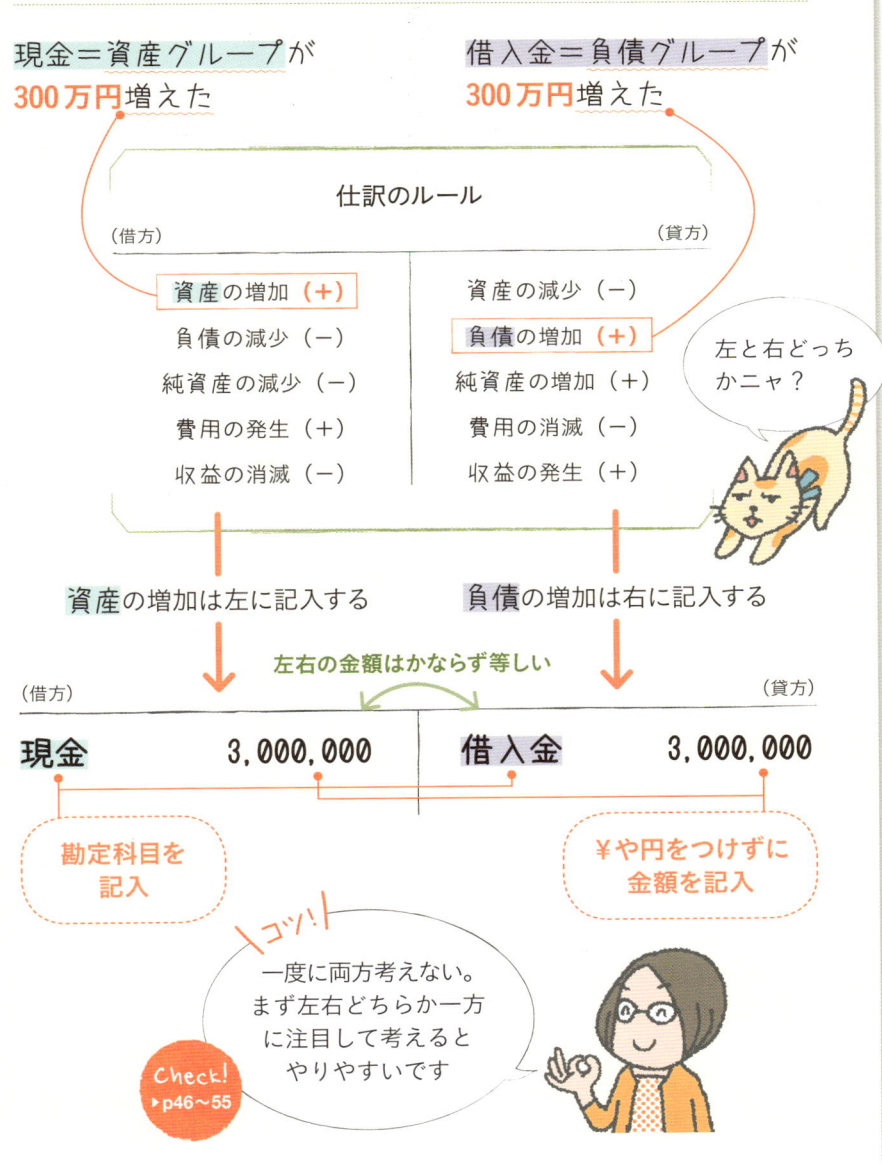

現金＝資産グループが
300万円増えた

借入金＝負債グループが
300万円増えた

仕訳のルール

（借方）	（貸方）
資産の増加 （＋）	資産の減少 （－）
負債の減少 （－）	負債の増加 （＋）
純資産の減少 （－）	純資産の増加 （＋）
費用の発生 （＋）	費用の消滅 （－）
収益の消滅 （－）	収益の発生 （＋）

左と右どっちかニャ？

資産の増加は左に記入する　　　負債の増加は右に記入する

左右の金額はかならず等しい

（借方）　　　　　　　　　　　　　　　　　　　　（貸方）

現金　　　3,000,000　　　借入金　　　3,000,000

勘定科目を記入

¥や円をつけずに金額を記入

コツ！
一度に両方考えない。まず左右どちらか一方に注目して考えるとやりやすいです

Check!
▶p46〜55

PART2 ▼ 数字が苦手でもよくわかる 仕訳のルール

別の取引例も見てみましょう

取引例

5000円の花束を2つ販売し、現金1万円を受け取った

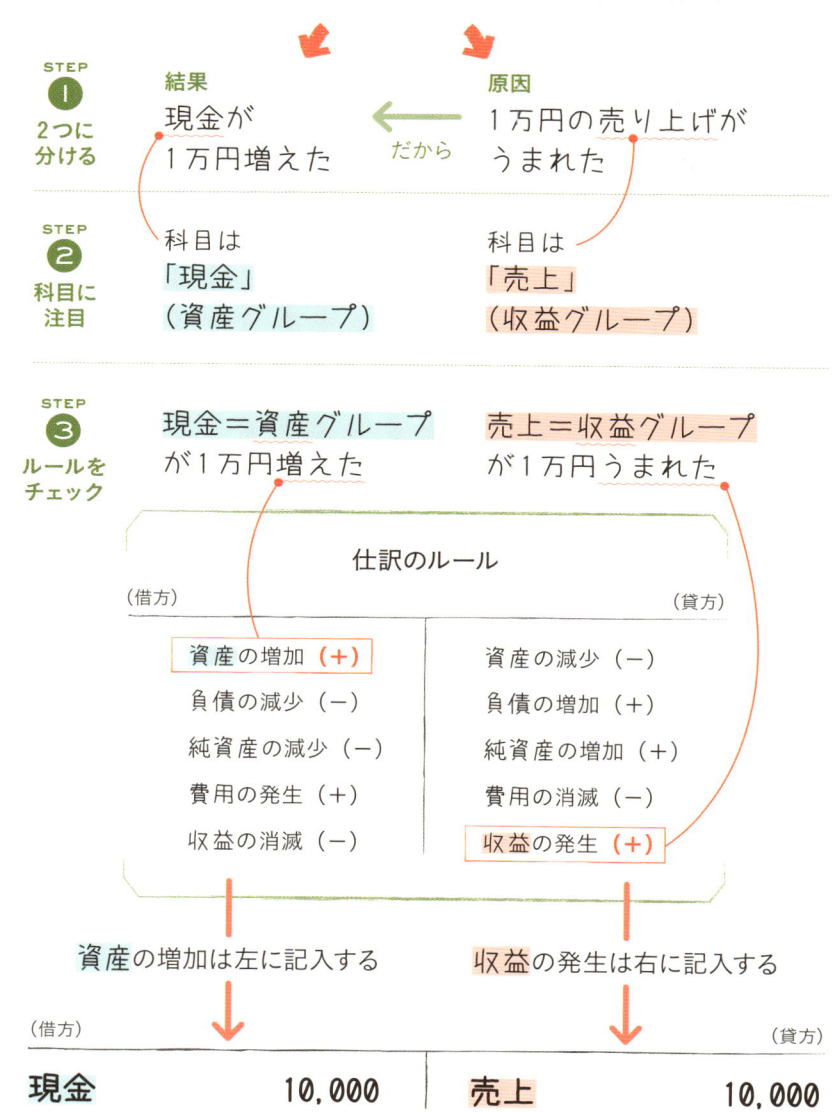

STEP 1 2つに分ける

結果
現金が1万円増えた

← だから —

原因
1万円の売り上げがうまれた

STEP 2 科目に注目

科目は「**現金**」
（資産グループ）

科目は「**売上**」
（収益グループ）

STEP 3 ルールをチェック

現金＝資産グループ が1万円増えた

売上＝収益グループ が1万円うまれた

仕訳のルール

（借方）	（貸方）
資産の増加（＋）	資産の減少（－）
負債の減少（－）	負債の増加（＋）
純資産の減少（－）	純資産の増加（＋）
費用の発生（＋）	費用の消滅（－）
収益の消滅（－）	収益の発生（＋）

資産の増加は左に記入する

収益の発生は右に記入する

（借方）		（貸方）	
現金	10,000	売上	10,000

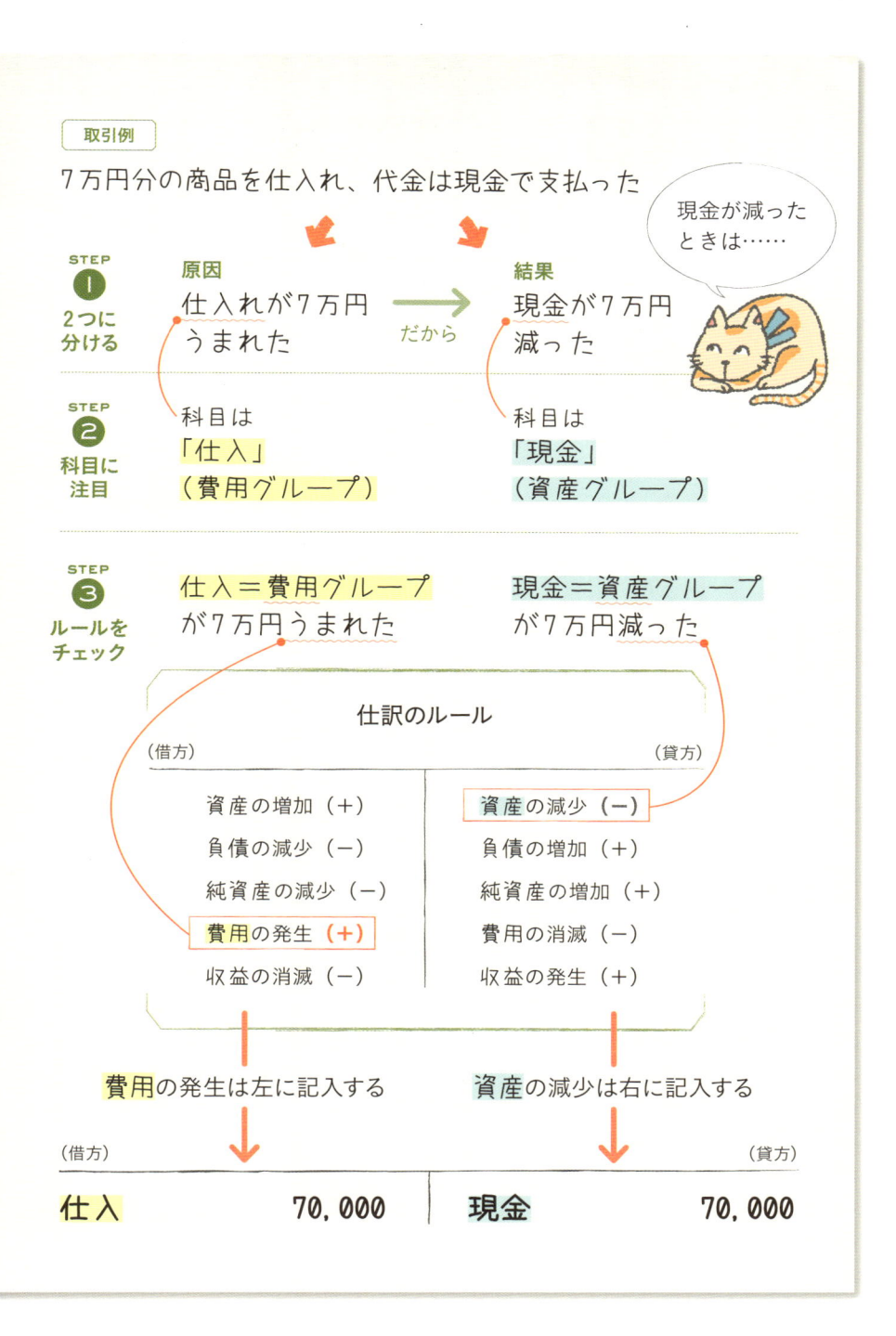

PART2 ▼ 数字が苦手でもよくわかる 仕訳のルール

取引例
7万円分の商品を仕入れ、代金は現金で支払った

STEP 1 2つに分ける

原因
仕入れが7万円うまれた

だから→

結果
現金が7万円減った

（現金が減ったときは……）

STEP 2 科目に注目

科目は
「仕入」
（費用グループ）

科目は
「現金」
（資産グループ）

STEP 3 ルールをチェック

仕入＝費用グループ
が7万円うまれた

現金＝資産グループ
が7万円減った

仕訳のルール

（借方）	（貸方）
資産の増加（＋）	資産の減少（－）
負債の減少（－）	負債の増加（＋）
純資産の減少（－）	純資産の増加（＋）
費用の発生（＋）	費用の消滅（－）
収益の消滅（－）	収益の発生（＋）

費用の発生は左に記入する　　資産の減少は右に記入する

（借方）		（貸方）	
仕入	70,000	現金	70,000

045

> 早わかり表ですぐわかる

勘定科目と仕訳のルールをマスターしよう

> 会社がもっている財産のことニャ

資産グループ

「あの人は資産家だ」「従業員こそが資産だ」などといういい方をすることがありますが、簿記では、**現金、そしてお金に換算できるものを「資産」といいます。**

一般的に財産といわれるような現金や預金、商品、建物、土地などが代表的です。さらに、後日受け取る予定の代金や、他人に貸したお金のように、将来自分のお金になるものも資産の仲間です。

〈決算書のルール〉

貸借対照表 (p23)

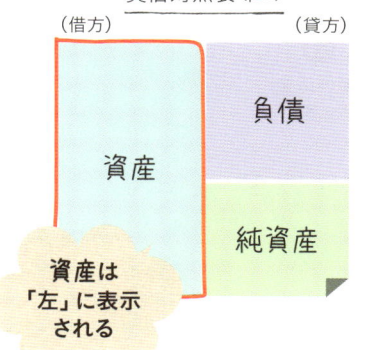

(借方)	(貸方)
資産	負債
	純資産

資産は「左」に表示される

〈仕訳のルール〉

(借方)	(貸方)
資産が増えたら (+) **左**	**資産**が減ったら (−) **右**
たとえば 現金を受け取った！	たとえば 現金が出ていった！

〈おもな勘定科目〉

仕訳の具体例は参照ページをチェック！

内容	勘定科目	区分
硬貨や紙幣。また、受け取った小切手のようにすぐ換金できる通貨代用証券など。	現金（げんきん） p60, p63	流動資産
小切手や支払手形を振り出すことができ、決済手段に使われる預金。	当座預金（とうざよきん） p64	
日常で必要になる経費の支払いのために、担当者に前渡しされている少額の現金。	小口現金（こぐちげんきん）	
取引先から商品などの代金として受け取った手形（お金を受け取る権利を示す証書）。	受取手形（うけとりてがた） p78, p80	
後日、代金を受け取る（あと払い）約束で販売した商品や提供したサービスの代金。	売掛金（うりかけきん） p76	
売買目的で保有している株券、社債、国債および地方債など。	有価証券（ゆうかしょうけん） p104	
販売する目的で会社が仕入れたり、保有したりしている商品。	商品（しょうひん） p152	
文房具やコピー用紙、洗剤などの消耗品で未使用のもの。	貯蔵品（ちょぞうひん） p165	
取引先や従業員などに貸したお金のうち、1年以内に返済される予定のもの。	短期貸付金（たんきかしつけきん） p106	
固定資産や有価証券など商品以外のものを売却したものの、まだ受け取っていないお金など。	未収金（みしゅうきん）	
目的や金額が不確定なまま、一時的に出したお金。	仮払金（かりばらいきん） p114	
取引先や従業員が払うべき費用を一時的に立て替えて払ったお金。	立替金（たてかえきん）	
商品などの購入に先だって、相手に支払った内金や手付金。	前払金・前渡金（まえばらいきん・まえわたしきん）	
当期に支出した費用だが、次期以降の分を前払いした費用。	前払費用（まえばらいひよう） p161	
サービスを提供しているものの、まだ受け取っていない代金。	未収収益（みしゅうしゅうえき） p163	
売掛金や貸付金などのうち、回収できないと見積もった金額。マイナスの資産。	貸倒引当金（かしだおれひきあてきん） p154	

決算書を読みやすくするため、また税計算のために、各グループ内にもいくつか区分があります（→p178,182）。ここでは覚えなくても大丈夫。

PART2 ▶ 数字が苦手でもよくわかる 仕訳のルール

内容	勘定科目	区分
店舗や工場、倉庫、事務所などが「建物」。看板や塀、舗装道路などが「構築物」。	建物・構築物	固定資産
事務机やパソコン、コピー機など。長く使用する高額の道具。	器具・備品 p98	
人やモノを運ぶための陸上の乗り物。自動車、トラック、フォークリフトなど。	車両運搬具 p100, 158	
店舗、事務所、工場などの敷地や駐車場など。販売目的で保有する土地は含めない。	土地	
会社の信用やブランドイメージなど目に見えない企業価値。	のれん(営業権)	
建物を建てたり、駐車場としたり、他人の土地を使わせてもらう権利。	借地権	
新発明・発見した(特許法により登録した)方法を一定期間独占的に利用できる権利。	特許権	
固定資産の価値を、購入後に徐々に下げ、その分を累積した金額。	減価償却累計額 p157	

流動資産と固定資産という区分は何ですか?

もうすぐお金になる資産を「流動資産」、長く保有する資産を「固定資産」といいます

決算日から1年以内に換金できる資産を「流動資産」、1年以上の長期にわたって利用する資産を「固定資産」と区別することで、資産の中身をはっきりさせることができます。固定資産はさらに「有形固定資産」と「無形固定資産」に分類されます。

check! ▶p98

> いつかは返さなくてはいけないニャ

負債グループ

借金のように、**いつか返さなければいけないお金を「負債」**といいます。会社が背負っている債務のことですね。

一時的に預かっているお金や、あと払いでまだ払っていないお金なども負債です。

資産とはちょうど正反対の要素。資産と対応している勘定科目も多いので、合わせて理解しておくと便利です（→p56）。仕訳のルールも資産と反対になります。

〈決算書のルール〉

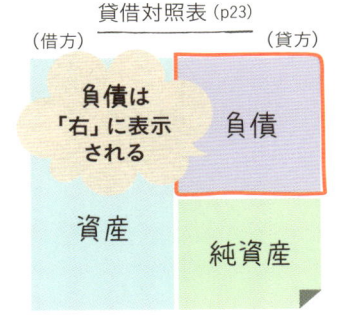

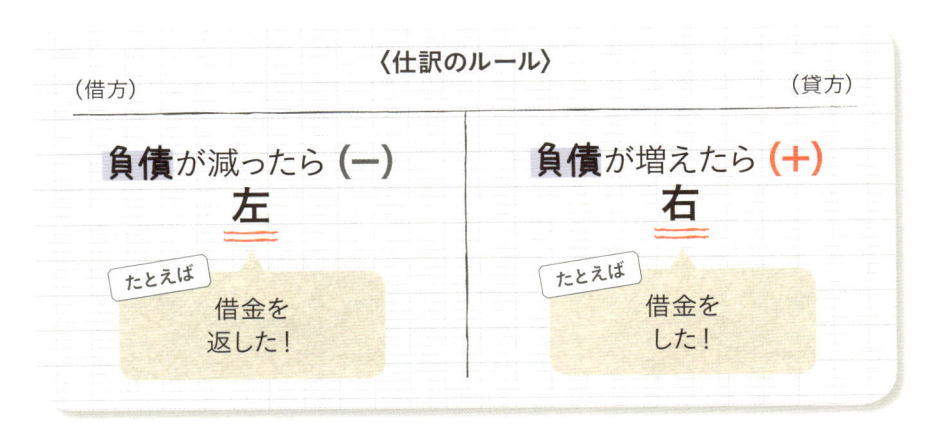

貸借対照表（p23）

（借方）　　　　　　　　（貸方）

負債は「右」に表示される

| 資産 | 負債 |
| | 純資産 |

〈仕訳のルール〉

（借方）　　　　　　　　　　　　　　　　　　　　（貸方）

負債が減ったら（−）
左

たとえば　借金を返した！

負債が増えたら（＋）
右

たとえば　借金をした！

〈おもな勘定科目〉

内容	勘定科目	区分
後日お金を支払う約束で仕入れた商品や製品の代金。	買掛金（かいかけきん） p74	流動負債
商品などの代金として相手に振り出した手形（お金を支払う義務を示す証書）。	支払手形（しはらいてがた） p82	
金融機関などから借りたお金のうち、1年以内に返済する予定のもの。	短期借入金（たんきかりいれきん） p108	

PART2 ▶ 数字が苦手でもよくわかる 仕訳のルール

内容	勘定科目		区分	
商品以外のものを後日払う約束で購入した代金。	未払金	p110	流動負債	
商品などを納める前に、相手から受け取った内金や手付金。	前受金	p112		
理由がはっきりしない入金、一時的に受け取ったお金。	仮受金	p116		
従業員の給料から天引きして預かっている所得税や健康保険料など。	預り金	p118		
継続してサービスを受けているものの、まだ支払っていないお金。	未払費用	p164		
次期以降の収益だが、当期に受け取っている分のお金。	前受収益	p162		
金融機関などから借りたお金のうち、1年以上先に返済するもの。	長期借入金	p109	負債	固定

資産と同じように"早く返すべきもの"は流動負債、"ゆっくり返すもの"は固定負債というんだね

one point

科目名や使い方は職場ルールでOK

　勘定科目は「この場合はこの勘定科目を使う」などと法律で決められているものではありません。

　たとえば、「交際費」と「接待交際費」のように、同じ内容でも会社によって科目名が異なることもあります。また、たとえばお店の看板猫にかかる食費や衣装代などを「看板猫費」という科目にまとめるなど、会社独自の勘定科目を設定していることもあります。

　前期やその前の決算書との対比をするために、その会社の記入ルールを継続することが大切です。

純資産グループ

> 返さなくていい資金。正味の財産だニャ

会社を運営するためには資金が必要です。そのために**株主から出資してもらった資金や、会社がもうけて積み重ねてきたお金**などが**「純資産」**です。資金を調達するには、借金をする方法もありますね。こうした調達法が「負債」です。つまり、返済義務のある資金を「負債」、返済義務のない資金を「純資産」といういい方ができるのです。

〈決算書のルール〉

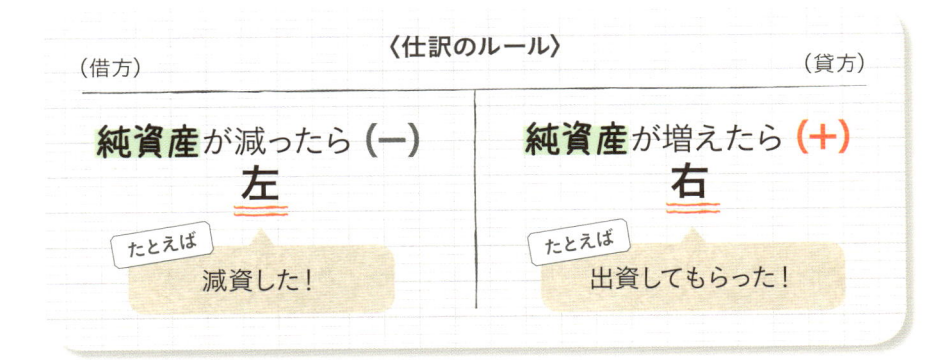

貸借対照表(p23)

（借方）｜（貸方）
- 資産 ｜ 負債
- ｜ 純資産

純資産は「右」に表示される

〈仕訳のルール〉

（借方）｜（貸方）

純資産が減ったら（−）
左
たとえば 減資した！

純資産が増えたら（＋）
右
たとえば 出資してもらった！

〈おもな勘定科目〉

内容	勘定科目	区分
会社を設立したときなどに、株主から出資してもらった金額。	資本金（しほんきん） p120	株主資本（かぶぬししほん）
株主から出資してもらったお金のうち、資本金として計上しなかった金額。	資本準備金（しほんじゅんびきん）	
会社がもうけた利益のうち、法律に沿って積み立てた金額。	利益準備金（りえきじゅんびきん）	
会社がもうけた利益のうち、まだ処分の決まっていない金額。	繰越利益剰余金（くりこしりえきじょうよきん）	

PART2 ▶ 数字が苦手でもよくわかる 仕訳のルール

> 商売や財テクで得た収入のことニャ

収益グループ

会社がもうけたお金を「収益」といいます。 商品や製品を販売したり、サービスを提供したりして得た収入はもちろん、売買目的で保有している株を売って得たお金のように、本業以外で得た収入も収益に含まれます。

仕訳のルールは下の通りです。「売上」などの収益がうまれた仕訳を記録するとき、反対側（左側）には受取方法（「現金」など）が記入されることになります（→p70）。

〈決算書のルール〉

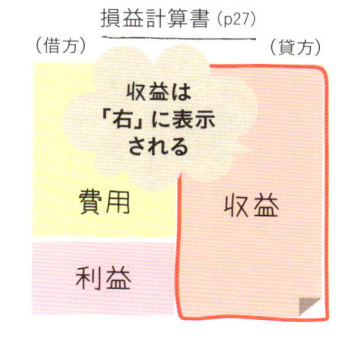

損益計算書（p27）
（借方）　　　　　　（貸方）

収益は「右」に表示される

費用 ｜ 収益
利益

〈仕訳のルール〉

（借方）　　　　　　　　　　　　　　　（貸方）

収益の取り消しは (−)
左

たとえば　商品を返品された！

収益がうまれたら (+)
右

たとえば　商品を売り上げた！

〈おもな勘定科目〉

内容	勘定科目	区分
商品やサービスを販売した（売り上げた）ときに記録する科目。	売上 p70, p72	売上高
お金を貸したときに、利息として受け取った金額。	受取利息 p107	営業外収益
土地や建物など賃貸用不動産を貸して受け取った家賃。	受取家賃 p162	営業外収益

内容	勘定科目	区分
所有している株式の配当金として受け取った金額。	受取配当金	営業外収益
有価証券を売却したときの利益（売却価額から帳簿価額を引いた差額）。	有価証券売却益 p104	営業外収益
ほかの勘定科目にあてはまらない、本業以外で得た収益。	雑収入 p159	営業外収益
固定資産を売却したときの利益（売却価額から帳簿価額を引いた差額）。	固定資産売却益 p102	特別利益

費用グループ

収益を得るためにかかった出費だニャ

収益を得るために使ったお金を「費用」といいます。 仕入れにかかったお金や従業員の給料、交通費や家賃、水道光熱費など、いわゆる経費といわれているものです。

気をつけたいのは、会社から出ていくすべてのお金が費用というわけではない点。たとえば、借金の返済などは費用ではないのです。

収入を得るためにかかったお金かどうかで判断しましょう。

〈決算書のルール〉

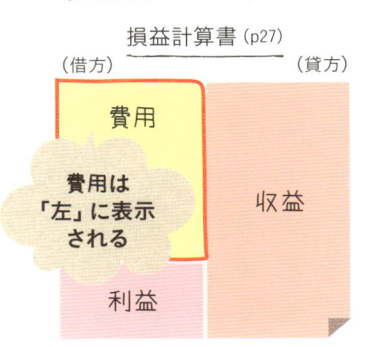

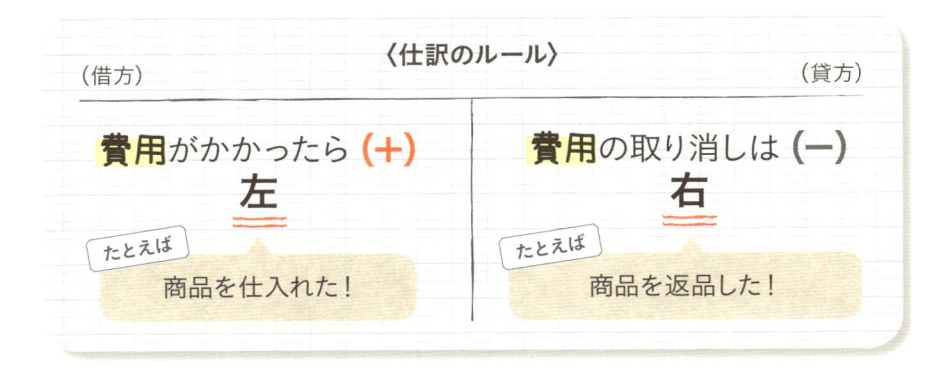

損益計算書 (p27)

（借方）　　　　　　　　　（貸方）

費用	収益
費用は「左」に表示される	
利益	

〈仕訳のルール〉

（借方）　　　　　　　　　　　　　　　　　　（貸方）

費用がかかったら **(＋)**
左

たとえば
商品を仕入れた！

費用の取り消しは **(－)**
右

たとえば
商品を返品した！

PART2 ▶ 数字が苦手でもよくわかる 仕訳のルール

〈おもな勘定科目〉

内容	勘定科目	区分
販売するための商品を購入した（仕入れた）ときに記録する科目。	仕入 p68	売上原価
従業員に対して支払う給料、賃金のほか、各種手当の合計額。	給料手当 p85	販売費および一般管理費
社員の健康や慰安といった福利厚生にかかる費用。	福利厚生費 p86	販売費および一般管理費
会議、商談、打ち合わせのための会場費や資料代、飲食代など。	会議費 p88	販売費および一般管理費
会社が加入している業界団体、町内会などの会費（入会金、年会費等）。	諸会費	販売費および一般管理費
取引相手や得意先への贈答、接待のためにかかる費用。	交際費 p90	販売費および一般管理費
商品の売り上げアップや会社のイメージアップなど、宣伝効果をねらって支払う費用。	広告宣伝費 p92	販売費および一般管理費
業務のために必要な交通費、出張にかかる旅費など。	旅費交通費 p94	販売費および一般管理費
パソコン、コピー機などのリース料。	賃借料	販売費および一般管理費
店舗、事務所を借りたときにかかる家賃や月極駐車場の料金など。	支払家賃	販売費および一般管理費
水道代、電気代、ガス代などの費用。ただし製造部門で使った分は含まない。	水道光熱費 p164	販売費および一般管理費
事務用品、蛍光灯、洗剤などの消耗品や少額の備品の購入代金。	消耗品費 p96, p165	販売費および一般管理費
会社が加入している生命保険や火災保険などにかかる保険料。	支払保険料 p161	販売費および一般管理費
金融機関への振込手数料や、税理士、弁護士など外部の専門家に支払う報酬。	支払手数料	販売費および一般管理費
会社がもっている建物や機械、パソコンなどの修理、メンテナンスにかかる費用。	修繕費	販売費および一般管理費
印紙税、固定資産税、自動車税など（租税）や、印鑑証明書の発行手数料など（公課）。	租税公課	販売費および一般管理費

内容	勘定科目	区分
会社がもっている固定資産の価値の減少分を費用化したもの。	減価償却費 p156	販売費および一般管理費
売掛金、貸付金などのうち回収できないと見積もった額（貸倒引当金）を費用化したもの。	貸倒引当金繰入 p155	
売掛金、貸付金などの債権が、取引先の倒産などで回収できなくなったときの損失額。	貸倒損失	
新人研修など業務で必要な知識、技術の習得を目指した社員教育にかかる費用。	研修費	
商売のためにかかる費用で、金額も大きくなく発生もまれなものをまとめて処理する科目。	雑費	
お金を借りたときに、利息として支払った金額。	支払利息	営業外費用
有価証券を売却したときの損失（帳簿価額から売却価額を引いた差額）。	有価証券売却損	
ほかの勘定科目にあてはまらない、本業以外で生じた費用。罰金など。	雑損失	
固定資産を売却したときの損失（帳簿価額から売却価額を引いた差額）。	固定資産売却損 p101	特別損失
固定資産を廃棄処分したときの損失。	固定資産除却損	

PART2 ▼ 数字が苦手でもよくわかる 仕訳のルール

資産グループから費用グループまでたくさん勘定科目がありますね……。こんなに覚えられるかなぁ

大丈夫！よく使うものは限られます。自然に覚えられますよ

COLUMN 2
効率的にマスターしたい！
勘定科目をすんなり覚えるコツ

対になっている勘定科目は2つをワンセットで覚えましょう

資産 & 負債 ペア

- 売掛金 — 買掛金
- 受取手形 — 支払手形
- 貸付金 — 借入金
- 未収金 — 未払金
- 前払金 — 前受金
- 仮払金 — 仮受金

収益 & 費用 ペア

- 受取利息 — 支払利息
- 有価証券売却益 — 有価証券売却損
- 固定資産売却益 — 固定資産売却損

　本書で紹介した以外にも、多くの勘定科目があります。一気に覚えようとすると大変です。仕訳をくりかえしながら少しずつ身につけましょう。
「貸したお金（貸付金）」⇔「借りたお金（借入金）」のように対になっているものは、セットで覚えるのがおすすめです。

PART 3

よくある取引を見てみよう

仕訳の基本パターン＆コツ

仕訳がわかれば簿記はわかったも同然

PART3では、実際によくある取引の仕訳について、具体的な例をあげて説明します

こんなときはどう仕訳する？～現金・預金編～

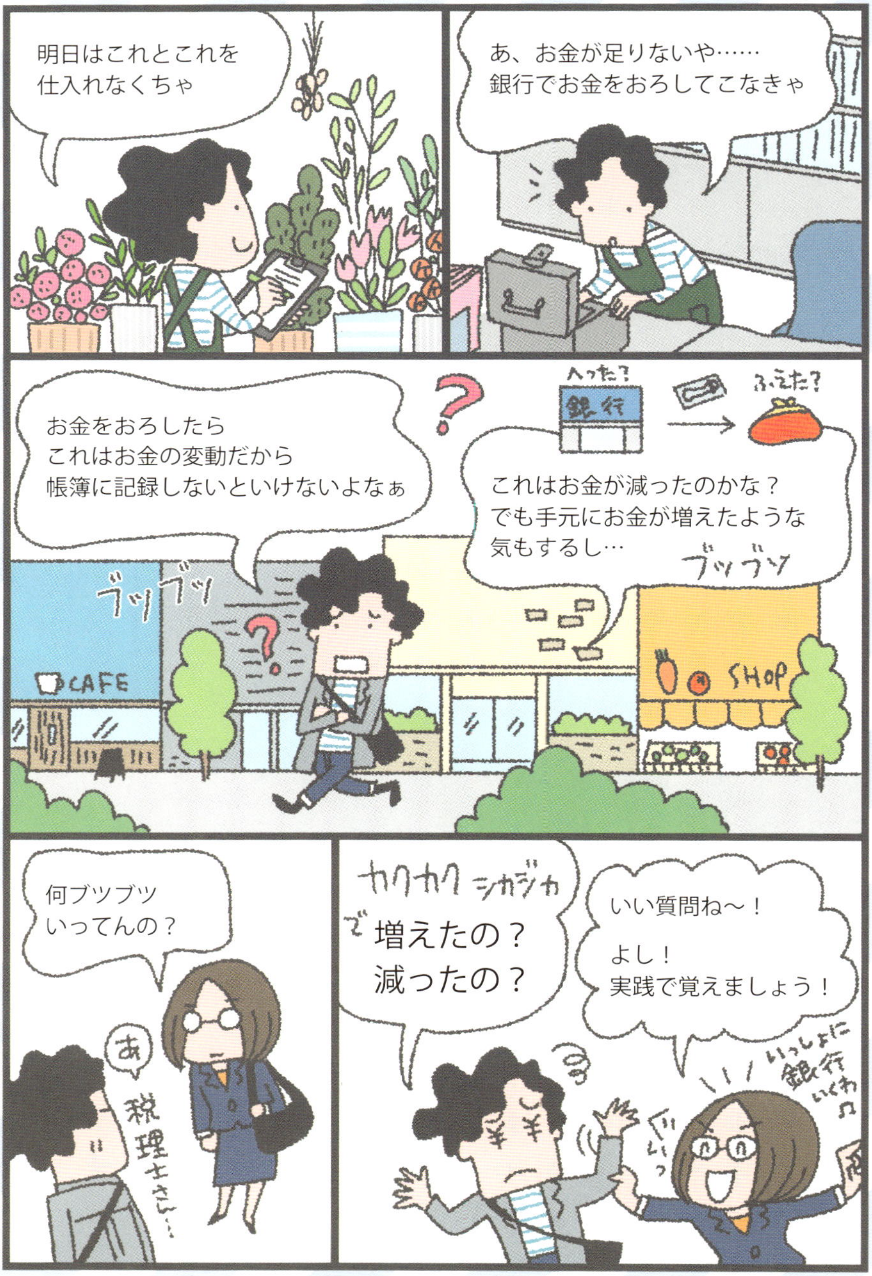

まずはお金をおろす
ATM
では
PART2 で勉強したように、1 つの取引を 2 つに分けてみましょう！
現金が増えた
口座の残高が減った
BANK
残高
ほお〜
つまり、現金は増えたのよ！
お店の毎日のいろ〜んな活動を見ながら、どんな仕訳になるのか見ていきましょう！
「習うより慣れろ」なのよ
まずは、大事なお金「現金・預金」から！
はいっ
目が￥マークになってるニャ…

現金・預金の取引①
手元にあるお金を銀行に預けた

現金の仕訳①

「現金」（資産グループ）という勘定科目がどんなものを指しているかわかりますか？

それはもちろんキャッシュのことでしょう！1000円札とか、10円玉とか……

その通り。さらに、**銀行ですぐに現金に換えてもらえる券も「現金」グループになるの**

現金に換えてもらえる券って何があるのかな（下の説明をチェック）

「現金」に含まれるもの

- 紙幣、硬貨 ——— 通貨
- 送金小切手※
- 受け取った小切手
  （他人振り出しの小切手）
- 郵便為替証書※
- 配当金領収書※

（送金小切手・受け取った小切手・郵便為替証書・配当金領収書）＝通貨代用証券

通貨じゃないけど「現金」です

通貨代用証券は金融機関ですぐに換金できるため、簿記では「現金」として扱います。ちなみに切手や収入印紙は、換金目的の証券ではないため、「現金」扱いにはなりません。

※送金小切手、郵便為替証書は、小切手同様、お金を送る手段のひとつ。配当金領収書は、もっている株の配当金を受け取るための証書。

勘定科目は
p47〜をチェック！

仕訳はこうなる！

現金が出ていったとき

取引例 手元にある現金15万円を普通預金に預け入れた

STEP 1
- 普通預金の残高が15万円増えた
- 手元の現金15万円がなくなった

STEP 2
- 普通預金＝資産グループが15万円増えた
- 現金＝資産グループが15万円減った

STEP 3
- 資産の増加は左（借方）
- 資産の減少は右（貸方）

仕訳のルールを復習 study! ▶p41

| 普通預金 | 150,000 | 現金 | 150,000 |

現金が入ってきたとき

取引例 普通預金から現金5万円を引き出した

STEP 1
- 手元に現金5万円が増えた
- 普通預金の残高が5万円減った

STEP 2
- 現金＝資産グループが5万円増えた
- 普通預金＝資産グループが5万円減った

STEP 3
- 資産の増加は左（借方）
- 資産の減少は右（貸方）

仕訳のルールを復習 study! ▶p41

| 現金 | 50,000 | 普通預金 | 50,000 |

✓できたらcheck！▶ □

PART3 ▶ よくある取引を見てみよう　仕訳の基本パターン＆コツ【現金①】

現金が合わないときはどうする？

> 金庫にあるお金を数えたら、帳簿上あるはずの金額より、なぜか1000円少ないんですが……

■「現金が足りない（多すぎる）」ときは、帳簿を修正する

　実務では、実際に手元にある現金を数えて帳簿上の現金残高と一致するか確認作業を行います。実際の現金額（実際有高）と帳簿残高が一致しない場合は、下のような仕訳をして実際有高に合わせて帳簿残高を修正します。
　現金過不足の原因がわかったときは、あらためて仕訳して正します。決算になっても原因不明のままなら、別の手続きを行います（→p159へ）。

仕訳はこうなる！

ヒント
原因不明だが現金が1000円減ったと考え、帳簿残高を減らす。

【取引例】 実際の現金が、帳簿残高よりも1000円少ない

現金が足りないときは「現金過不足」を左に記入する
現金（資産グループ）の減少は右に記入する

（借方）		（貸方）	
現金過不足	1,000	現金	1,000

【取引例】 現金不足の原因が交通費1000円の記入モレだと判明した

旅費交通費（費用グループ）の発生は左に記入する
反対側には「現金過不足」を記入する

（借方）		（貸方）	
旅費交通費	1,000	現金過不足	1,000

✓できたらcheck! ▶ □

現金・預金の取引②
商品代金として小切手を受け取った

現金の仕訳②

受け取った小切手は銀行にもっていくとその場で現金に換えてもらえます。そのため勘定科目は「現金」（資産グループ）です

PART3 ▶ よくある取引を見てみよう　仕訳の基本パターン&コツ【現金②】

勘定科目はp47〜をチェック！

仕訳はこうなる！

取引例　商品12万円を販売し、代金を小切手で受け取った

STEP 1
12万円の小切手を受け取った　　　商品12万円を売り上げた

STEP 2
現金＝資産グループが12万円増えた　　　売上＝収益グループが12万円うまれた

STEP 3
仕訳のルールを復習 study! ▶p41

資産の増加は左	収益の発生は右
（借方）	（貸方）
現金　120,000	売上　120,000

✓できたらcheck! ▶ □

小切手で支払いをしたときの科目も「現金」でいいの？

その場合は「当座預金」（次ページ）という勘定科目を使います

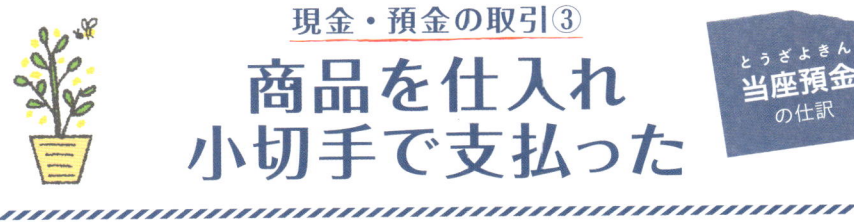

現金・預金の取引③
商品を仕入れ小切手で支払った

当座預金（とうざよきん）の仕訳

多額の現金をもち歩くのは少し不安。そんなときに役立つのが「小切手」です

小切手かぁ。聞いたことはあるけど……誰でも使うことができるんですか？

小切手で支払いをするには銀行預金の1つである「当座預金」（資産グループ）の口座が必要です。預金の種類から見ていきましょう

預貯金の種類はいろいろ

普通預金
現金をいつでも自由に出し入れできる預金。利息はつくが、定期預金より低い。

定期預金
原則、一定の期間払い戻しができない預金。普通預金よりも高い利息がつく。

当座預金
手形や小切手を発行することができ、現金の出し入れも自由にできる。無利息。

当座預金は、決済のための口座ニャんだ

当座預金&小切手のしくみ

銀行預金のひとつである「当座預金」の口座を開くと、小切手や手形での支払い（決済）ができる。銀行が信用できると判断した会社しか口座を開設できない。銀行が支払い事務を代行するしくみ。

仕訳は次ページへ

③商品を**仕入れる**

④代金分の**小切手を振り出す**

仕入先　　　花店

⑨預金に入金される（または現金を受け取る）

⑤花店から受け取った小切手を渡す

②花店の小切手帳が発行される

①当座預金に**入金する**

⑦花店の当座預金口座から小切手の金額が**引き落とされる**

⑧入金される

⑥手形交換所※を通じて小切手を交換・決済する

小切手を振り出す？？

小切手を作成して相手に渡すことを「小切手を切る」「小切手を振り出す」というんですよ※

※手形交換所とは、複数の金融機関が小切手や手形を相互に決済するために集合する場所のこと。
※小切手や手形を振り出す人のことは「振出人」という（上図では「花店」が振出人）

勘定科目は p47〜をチェック！

仕訳はこうなる！

当座預金に入金するとき

取引例　現金50万円を当座預金に預けた

STEP 1
当座預金の残高が50万円増えた　　手元の現金50万円がなくなった

STEP 2
当座預金＝資産グループが50万円増えた　　現金＝資産グループが50万円減った

STEP 3
資産の増加は左（借方）　　資産の減少は右（貸方）

study! ▶p41　仕訳のルールを復習

| 当座預金 | 500,000 | 現金 | 500,000 |

小切手を振り出した（当座預金が減った）とき

取引例　10万円の商品を仕入れ、小切手で支払った

STEP 1
仕入れに10万円かかった　　10万円の小切手を渡した

STEP 2
仕入＝費用グループが10万円うまれた　　当座預金＝資産グループが10万円減った

STEP 3
費用の発生は左（借方）　　資産の減少は右（貸方）

study! ▶p41　仕訳のルールを復習

| 仕入 | 100,000 | 当座預金 | 100,000 |

✓できたらcheck！▶ ☐

ビジネスの基本を仕訳しよう～商品の売り買い編～

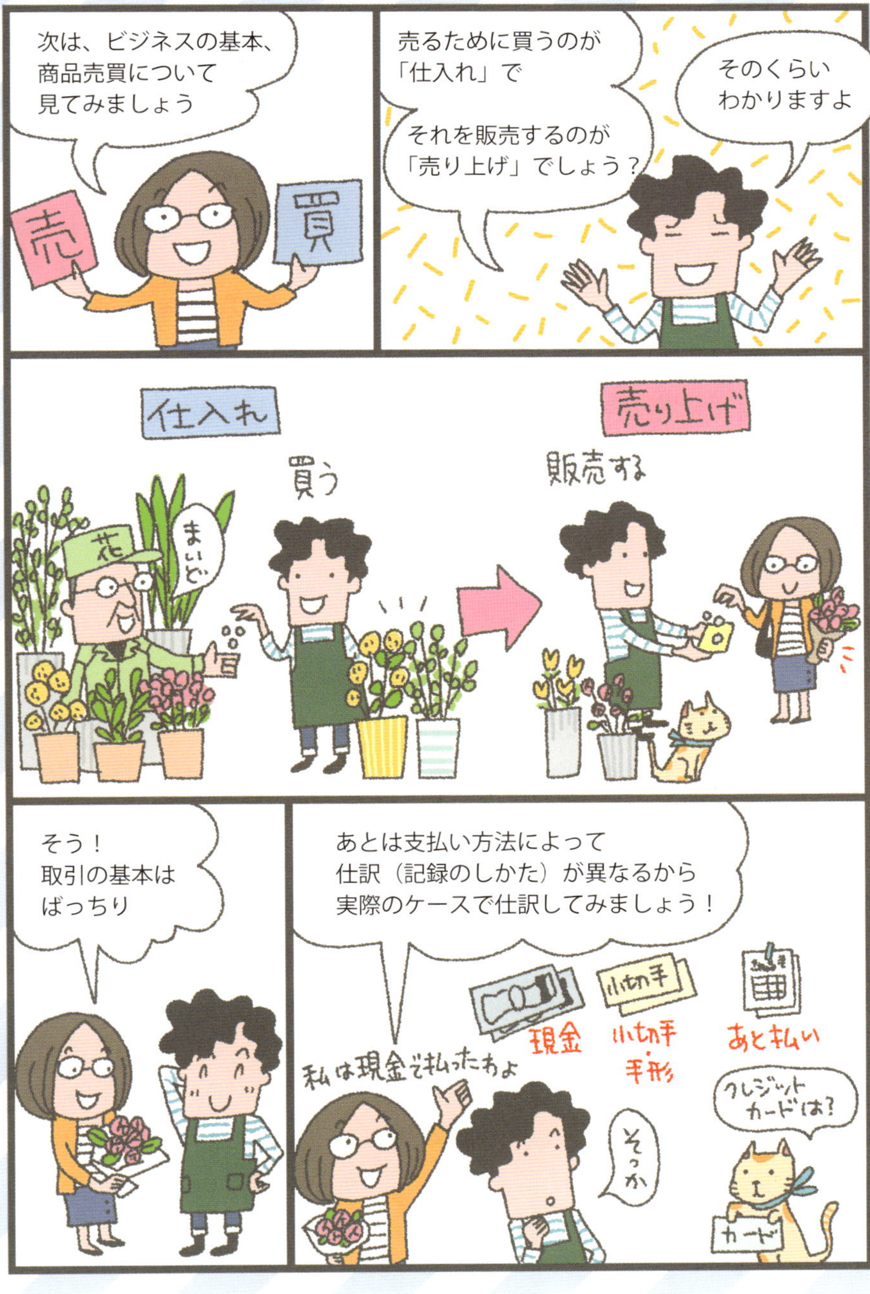

商品の売り買い①
現金払いで商品を仕入れた

仕入の仕訳

> 今朝は、切り花の仕入れをしてきました

> 仕入れは商売の基本ですものね。簿記でも、商品の売り買いは最重要取引です

■ **販売するための商品を購入する＝仕入れ**

　小売業などでは、お客さまに販売するための商品を購入します。これを仕入れといいます。仕入れの数が足りなければ、欠品、つまり売り切れになってしまいますし、多すぎれば在庫が余ってしまいます。いつもちょうどいい在庫を適正な価格で仕入れることが大切なのです。

　仕入れをしたとき、つまり **販売目的の商品を購入したときは「仕入」（費用グループ）という勘定科目で仕訳します。** 商品そのものだけでなく、仕入れにかかった送料などの支払いも含みます（下参照）。

　ちなみに「仕入」の反対は「売上」（収益グループ）です（→p70）。セットで覚えておきましょう。

運送料も「仕入」に含まれます

仕入れた商品を運ぶための運賃や、商品を購入するためにかかる手数料などは、商品と一緒に「仕入」として処理します。

「仕入」に含まれるもの

- 仕入れ商品
- 仕入れにかかる運賃
- 購入にかかる手数料
- 関税　　　　　　など

PART3 ▶ よくある取引を見てみよう　仕訳の基本パターン&コツ【仕入】

勘定科目はp47〜をチェック！

仕訳はこうなる！

取引例　15万円分の商品を仕入れ、現金で支払った

STEP 1
- 商品15万円の仕入れをした
- 現金が15万円減った

STEP 2
- 仕入＝費用グループ が15万円うまれた
- 現金＝資産グループ が15万円減った

STEP 3
- 費用の発生は左（借方）
- 資産の減少は右（貸方）

仕訳のルールを復習 study! ▶p41

| 仕入 | 150,000 | 現金 | 150,000 |

✓できたらcheck！ ▶ ☐

現金以外で支払うとどうなる？

支払い方法によって、仕訳の貸方の勘定科目は下のように変わる。詳しくは参照ページへ。

- **あと払いのとき** → 買掛金（かいかけきん）（負債グループ）　check! ▶p74
- **小切手のとき** → 当座預金（とうざよきん）（資産グループ）　check! ▶p64
- **手形のとき** → 支払手形（しはらいてがた）（負債グループ）　check! ▶p82

one point

「商品が増え、現金が減る」のでは？

　商品売買の仕訳方法は、じつは2種類あります。上の仕訳は「三分法（さんぶんぽう）」といい、もう1つを「分記法（ぶんきほう）」といいます。

　分記法では仕入取引を「商品が増えて」「現金が減った」と考えます。理解しやすい仕訳法ですが、利益の算出が非常に面倒になるため、一般的に使われているのは三分法です。

商品の売り買い②
商品を販売して代金を受け取った

> うりあげ
> **売上**
> の仕訳①

■商品やサービスの販売で得たお金＝売り上げ

　商品の販売やサービスの提供によって受け取った代金を売り上げといいます。**売り上げが発生したら「売上」（収益グループ）という勘定科目を用いて記録しましょう。**「売上」は、会社の本業で得た収益だけに使います。

　たとえば、花店がブーケを販売して受け取った代金は「売上」ですが、不要になった配達用の車を売却して収入を得ても「売上」にはならないのです。

> 売上の仕訳は、いつも同じタイミングで記録しましょう

売上はいつ記録するの？

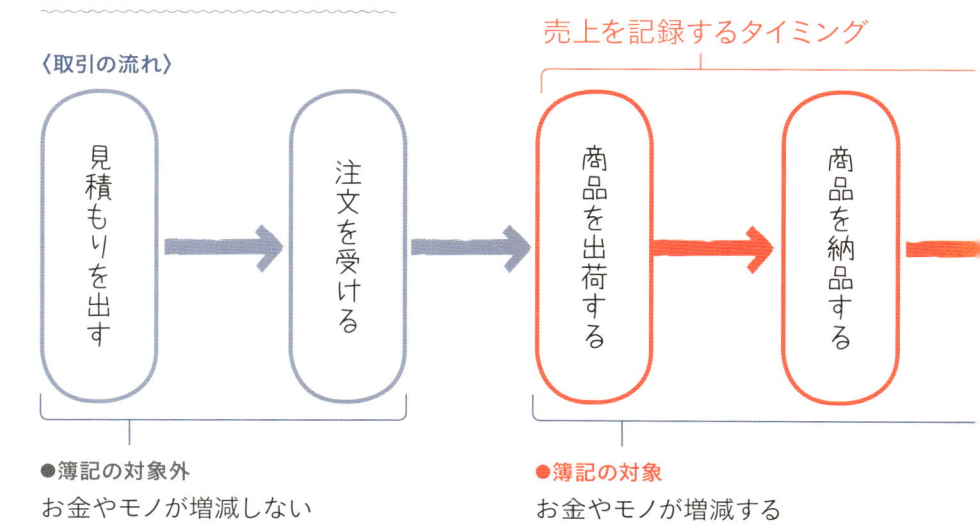

〈取引の流れ〉

　　　　　　　　　　　　　　　　　　売上を記録するタイミング

| 見積もりを出す | → | 注文を受ける | → | 商品を出荷する | → | 商品を納品する |

●簿記の対象外
お金やモノが増減しない

●簿記の対象
お金やモノが増減する

仕訳はこうなる！

勘定科目は p47〜をチェック！

取引例 商品3万円を販売し、代金を現金で受け取った

STEP 1
3万円の現金を受け取った　　商品3万円を売り上げた

STEP 2
現金＝資産グループが3万円増えた　　売上＝収益グループが3万円うまれた

STEP 3
仕訳のルールを復習 study! ▶p41

資産の増加は左（借方）　　収益の発生は右（貸方）

| 現金 | 30,000 | 売上 | 30,000 |

✓ できたらcheck! ▶ □

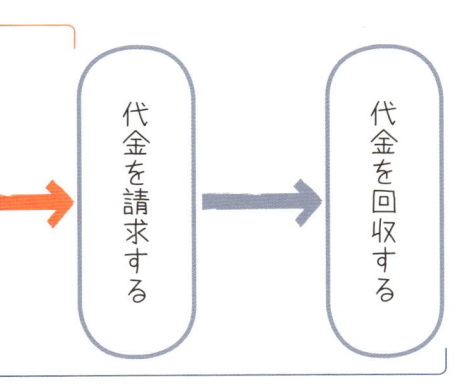

代金を請求する → 代金を回収する

入金がまだでも商品を渡したら記録するんですね

注文を受けて代金を受け取るまでが同時に行われるとはかぎりません。商品出荷時、商品の納品時など、どの段階で「売上」を記録するのか社内で統一することが重要。

PART3 ▶ よくある取引を見てみよう　仕訳の基本パターン&コツ【売上①】

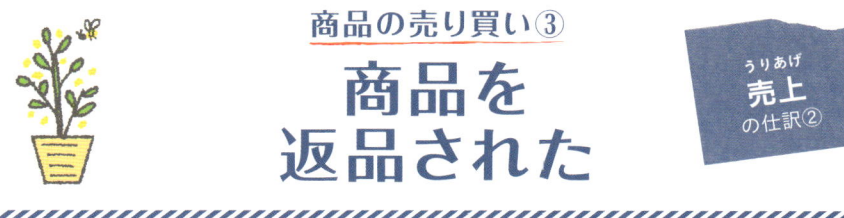

商品の売り買い③
商品を返品された

売上の仕訳②
（うりあげ）

> 納品した鉢の数が間違っていて、お客さまから返品連絡がありました。代金を返金しなくちゃ

> それは残念でしたね。でも、この機会に「逆仕訳」を勉強しちゃいましょう

■「逆仕訳」で先に記録した仕訳を相殺する

　商品を売り上げたあとで、品違いや不良品で返品されることがあります。返品されれば、その分を返金し、商品やお金が増減します。忘れずに記録しましょう。**返品されたときは、商品もお金も「売り上げたとき」（→p70）と正反対に動きます。仕訳も「売り上げたとき」と借方、貸方を逆にしましょう。**

仕訳は売り上げたときと逆になる

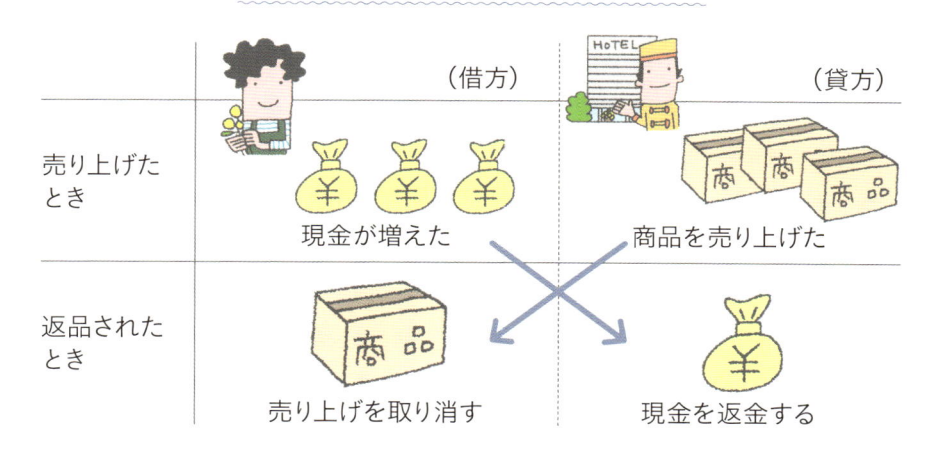

	（借方）	（貸方）
売り上げたとき	現金が増えた	商品を売り上げた
返品されたとき	売り上げを取り消す	現金を返金する

仕訳はこうなる！

勘定科目は p47〜をチェック！

取引例 販売した商品3万円のうち1万円分が返品され、その分の代金を返金した

STEP 1
1万円分の売り上げがなくなった　　現金1万円を返金した

STEP 2
売上＝収益グループが1万円消えた　　現金＝資産グループが1万円減った

STEP 3
収益の取り消しは左（借方）　　資産の減少は右（貸方）

仕訳のルールを復習 study! ▶p41

| 売上 | 10,000 | 現金 | 10,000 |

✓ できたらcheck! ▶ □

「値引き」のときも売上と逆にします

「売り上げたとき」と借方、貸方を反対に仕訳するのは、返品されたときだけではありません。商品を減額して売ったとき（「値引」という）や、たくさん購入してくれる顧客に対して代金の減額や返金を行ったとき（「割戻」という）も売り上げ時と逆に仕訳します。

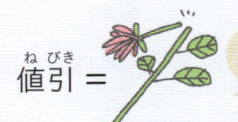

値引 ＝ 🌸　アウトレットにつき10% off

割戻 ＝ 🌸🌸🌸🌸🌸 ＋ 💰　たくさん買ったら一部返金

PART3 ▶ よくある取引を見てみよう　仕訳の基本パターン＆コツ【売上②】

商品の売り買い④
あと払いの約束で商品を仕入れた

買掛金（かいかけきん）の仕訳

「○○生花からの仕入れは『掛（かけ）』にして」と社長から連絡があったんですが、……掛って？

商品の購入代金をあと払いにすることを「掛」というの。手元に現金がなくても取引できます

現金がなくても買える。飲み屋さんで「ツケにして」というのと同じですね！

仕入れと支払いに時差がある

11 Nov.

仕入先 → 翌月支払う約束で商品を仕入れる → 花店（来月払うね）

＝ **買掛金**が発生！

↓ 1ヵ月後

仕入れ時点では、まだ代金を支払っていないため「買掛金」（負債グループ）という勘定科目で記録する。掛で購入したものが商品以外なら「未払金」（負債グループ）という科目を使う。

check! ▶p110

12 Dec.

← 代金を支払う ← 花店

＝ **買掛金**が消える

仕訳はこうなる！

勘定科目は p47〜をチェック！

掛で買ったとき

取引例 商品10万円を仕入れ、支払いは翌月払いにした

STEP 1 商品10万円を仕入れた ／ 買掛金10万円がうまれた

STEP 2 仕入＝費用グループが10万円うまれた ／ 買掛金＝負債グループが10万円増えた

STEP 3
- 費用の発生は左（借方）
- 負債の増加は右（貸方）

study! ▶p41 仕訳のルールを復習

| 仕入 | 100,000 | 買掛金 | 100,000 |

翌月、代金を支払ったとき

取引例 買掛金10万円を現金で支払った

STEP 1 買掛金が10万円減った ／ 現金が10万円減った

STEP 2 買掛金＝負債グループが10万円減った ／ 現金＝資産グループが10万円減った

STEP 3
- 負債の減少は左（借方）
- 資産の減少は右（貸方）

study! ▶p41 仕訳のルールを復習

| 買掛金 | 100,000 | 現金 | 100,000 |

✓ できたらcheck！▶ ☐

PART3 ▶ よくある取引を見てみよう　仕訳の基本パターン＆コツ【買掛金】

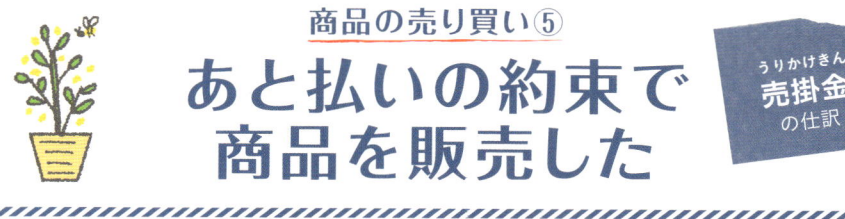

商品の売り買い⑤
あと払いの約束で商品を販売した

売掛金（うりかけきん）の仕訳

信用できる取引先であれば、「掛」（かけ）（あと払い）で商品を売ることもあります。先に商品を納めて、代金はあとで受け取るわけです

納品と代金の回収に時差がある

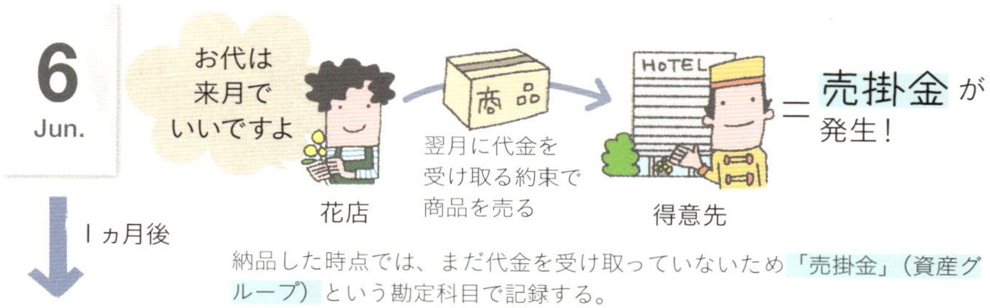

6 Jun.
お代は来月でいいですよ
花店 → 翌月に代金を受け取る約束で商品を売る → 得意先
= **売掛金**が発生！

↓ 1ヵ月後

納品した時点では、まだ代金を受け取っていないため「売掛金」（資産グループ）という勘定科目で記録する。

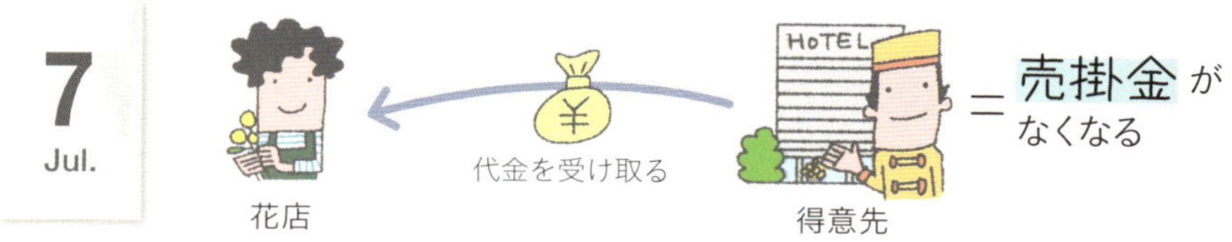

7 Jul.
花店 ← 代金を受け取る ← 得意先
= **売掛金**がなくなる

もしも、代金を回収できなかったら困りますね

check! ▶p154
取引先の倒産などにより、売掛金を回収できない可能性もあります。こうした事態を「貸倒れ」（かしだおれ）といいます。貸倒れへの備えはあとで説明します

勘定科目は p47〜をチェック！

仕訳はこうなる！

掛で売ったとき

取引例 翌月に支払ってもらう約束で、15万円の商品を販売した

STEP 1
15万円の売掛金がうまれた　　　商品15万円を売り上げた

STEP 2
売掛金＝資産グループが15万円増えた　　　売上＝収益グループが15万円うまれた

STEP 3
資産の増加は左（借方）　　　収益の発生は右（貸方）

仕訳のルールを復習 study! ▶p41

| 売掛金 | 150,000 | 売上 | 150,000 |

翌月、代金を受け取ったとき

取引例 売掛金15万円を小切手で受け取った

ヒント 受け取った小切手は現金扱いなので、勘定科目は「現金」を使います（→p63）。

STEP 1
15万円の売掛金を小切手で受け取った　　　売掛金が15万円減った

STEP 2
現金＝資産グループが15万円増えた　　　売掛金＝資産グループが15万円減った

STEP 3
資産の増加は左（借方）　　　資産の減少は右（貸方）

仕訳のルールを復習 study! ▶p41

| 現金 | 150,000 | 売掛金 | 150,000 |

✓できたらcheck! ▶ □

PART3 ▶ よくある取引を見てみよう　仕訳の基本パターン＆コツ【売掛金】

詳しく知りたい

もう少し突っ込んだ説明をします！

手形の取引①
商品代金を手形で受け取った

うけとりてがた
受取手形
の仕訳①

■「○月○日に××円払います」と約束した書面

　代金の支払い方法は、現金や小切手以外に「手形」が使われることもあります。手形は「○月○日に○円支払います」といった約束が記された証書。小切手と同じように銀行を介してお金をやりとりします。**手形を受け取ったときは、「受取手形」（資産グループ）という勘定科目で記録しましょう。**

> 手形には「約束手形」と「為替手形」の2種類ありますが、実際に使われることがあるのは約束手形がほとんど。ここでは約束手形を説明します

手形の受け取り＆現金化のしくみ

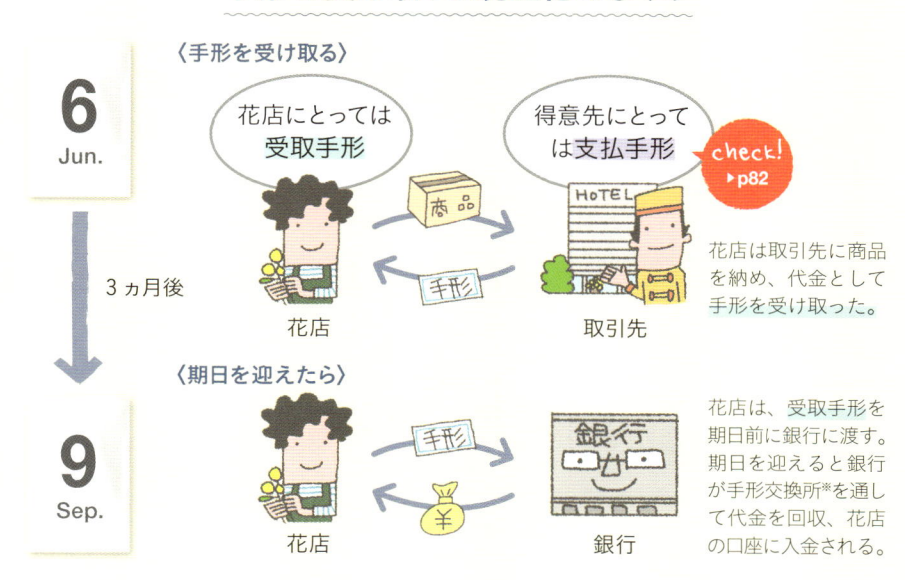

6 Jun.

〈手形を受け取る〉

花店にとっては受取手形

得意先にとっては支払手形

check!
▶p82

花店　　取引先

花店は取引先に商品を納め、代金として手形を受け取った。

3ヵ月後

9 Sep.

〈期日を迎えたら〉

花店　　銀行

花店は、受取手形を期日前に銀行に渡す。期日を迎えると銀行が手形交換所※を通して代金を回収、花店の口座に入金される。

※手形交換所は、複数の金融機関が手形や小切手などを相互に決済するために集合する場所のこと。

勘定科目は
p47〜をチェック！

仕訳はこうなる！

手形を受け取ったとき

取引例　得意先のホテルに5万円の商品を販売し、代金は手形で受け取った

STEP 1　5万円の手形を受け取った　　商品5万円を売り上げた

STEP 2　受取手形＝資産グループが5万円増えた　　売上＝収益グループが5万円うまれた

STEP 3　資産の増加は左（借方）　　収益の発生は右（貸方）

仕訳のルールを復習 study! ▶p41

| 受取手形 | 50,000 | 売上 | 50,000 |

手形の期日を迎えたら

取引例　3ヵ月前に受け取った5万円の手形が期日を迎え、当座預金口座に入金された

STEP 1　当座預金残高が5万円増えた　　受取手形5万円が手元からなくなった

STEP 2　当座預金＝資産グループが5万円増えた　　受取手形＝資産グループが5万円減った

STEP 3　資産の増加は左（借方）　　資産の減少は右（貸方）

仕訳のルールを復習 study! ▶p41

| 当座預金 | 50,000 | 受取手形 | 50,000 |

✓できたらcheck! ▶ ☐

PART3 ▶ よくある取引を見てみよう　仕訳の基本パターン&コツ【受取手形①】

詳しく知りたい

手形の取引②
受け取った手形を期日前に使う

> 受取手形の仕訳②

受取手形は期日前に銀行に預けて取立に回すと現金化されます。ほかにも受取手形をお金代わりに使う方法が！　その1つが**手形の裏書**です

〈手形の裏書のしくみ〉

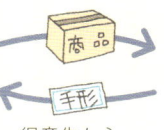

仕入先 ← 商品／手形 → 花店
得意先から受け取った手形

この手形を別の支払いにあてたい

手元にある手形の裏に必要事項を記入する（裏書という）と、別の支払いに使うことができる。

勘定科目はp47〜をチェック！

仕訳はこうなる！

取引例　商品5万円を仕入れ、支払いは手元にある得意先振り出し※の5万円の手形を裏書して渡した

STEP 1
商品5万円を仕入れた　　　　受取手形5万円を譲り渡した

STEP 2
仕入＝**費用グループ**が5万円うまれた　　　受取手形＝**資産グループ**が5万円減った

STEP 3
費用の発生は左（借方）　　　資産の減少は右（貸方）

仕訳のルールを復習　study! ▶p41

| 仕入 | 50,000 | 受取手形 | 50,000 |

※得意先が作成して渡してくれた手形を得意先振り出しの手形という（→p65もチェック）

> ほかに、**期日前の手形を金融機関に買い取ってもらう使い方**もあります。この場合、期日までの分の割引料を差し引いた金額を受け取れます

> 手形の額面より減ってしまっても早めに現金が必要なときは助かりますね

〈手形の割引のしくみ〉

この手形を期日前に現金化したい

得意先から受け取った手形 → 銀行

花店 ← 割引料を引いた分の現金

期日前でも、銀行に手形を買い取ってもらい、割引料を引いた現金を受け取ることができる。

仕訳はこうなる！

取引例　手元にある額面5万円の受取手形を、支払期日より前に銀行で割り引いた。割引手数料1000円を差し引いた現金4万9000円を受け取った

ヒント　銀行に支払った割引手数料は「**手形売却損（費用グループ）**」という勘定科目で処理する。

STEP 1
現金4万9000円を受け取り、割引手数料1000円を支払った ／ 受取手形5万円が手元からなくなった

STEP 2
現金＝資産グループが4万9000円増えた
手形売却損＝費用グループが1000円うまれた
受取手形＝資産グループが5万円減った

STEP 3
資産の増加は左
費用の発生は左
（借方）

資産の減少は右
（貸方）

仕訳のルールを復習 study! ▶p41

現金	49,000	受取手形	50,000
手形売却損	1,000		

✓できたらcheck! ▶ □

> 2つ以上の勘定科目が並ぶ仕訳もある。左の合計額と右の合計額が一致すればOK

PART3 ▶ よくある取引を見てみよう　仕訳の基本パターン＆コツ【受取手形②】

詳しく知りたい

手形の取引③
仕入れの代金を手形で支払った

しはらいてがた 支払手形 の仕訳

■約束を記した証券で支払う

　商品を仕入れるとき、その場で現金を払う代わりに「○月○日に○円支払います」と約束した証券を渡す方法があります。p78と同じ「手形」を使った取引です。代金の支払いとして**手形を振り出すときは、「支払手形」（負債グループ）**という勘定科目で記録します。

当座預金の口座をもっていれば、手形を振り出せるんだって。小切手と同じしくみだね

check! ▶p64

手形で支払うときのしくみ

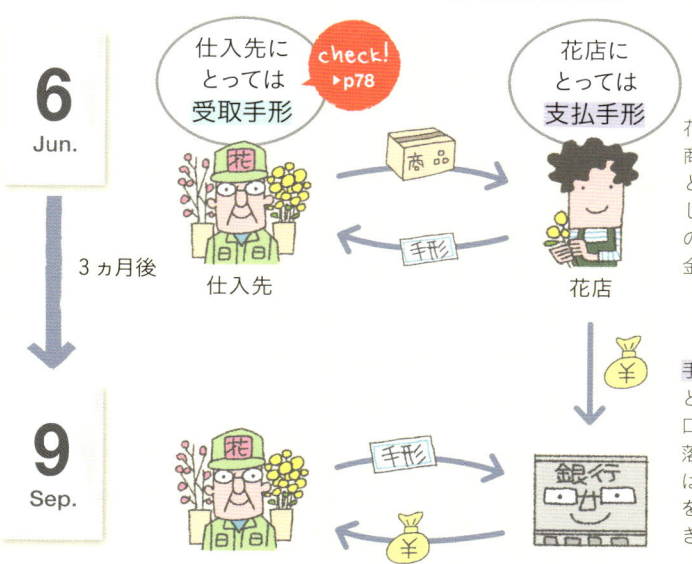

6 Jun.

仕入先にとっては **受取手形** check! ▶p78

花店にとっては **支払手形**

商品 → 手形 ←

仕入先　　花店

花店は、卸業者から商品を仕入れ、代金として手形を振り出した。花店は、手形の期日までに当座預金口座に入金する。

3ヵ月後

9 Sep.

手形 → ￥ ← 銀行

手形の期日を迎えると、花店の当座預金口座から代金が引き落とされる。卸業者は銀行を介して代金を受け取ることができる。

> 勘定科目は
> p47～をチェック！

仕訳はこうなる！

手形を振り出した（渡した）とき

取引例 商品20万円を仕入れ、代金の支払いとして手形を振り出した

STEP 1 20万円の仕入れをした　　20万円の手形を振り出した

STEP 2 仕入＝費用グループが20万円うまれた　　支払手形＝負債グループが20万円増えた

STEP 3 費用の発生は左（借方）　　負債の増加は右（貸方）

仕訳のルールを復習 study! ▶p41

| 仕入 | 200,000 | 支払手形 | 200,000 |

手形の期日を迎えたら

取引例 3ヵ月前に振り出した手形が期日を迎え、当座預金から20万円が引き落とされた

STEP 1 支払手形20万円がなくなった　　当座預金の残高が20万円減った

STEP 2 支払手形＝負債グループが20万円減った　　当座預金＝資産グループが20万円減った

STEP 3 負債の減少は左（借方）　　資産の減少は右（貸方）

仕訳のルールを復習 study! ▶p41

| 支払手形 | 200,000 | 当座預金 | 200,000 |

✓ できたらcheck! ▶ ☐

PART3 ▼ よくある取引を見てみよう　仕訳の基本パターン&コツ【支払手形】

おまんじゅう代は何費なの？ 〜経費の支払い編〜

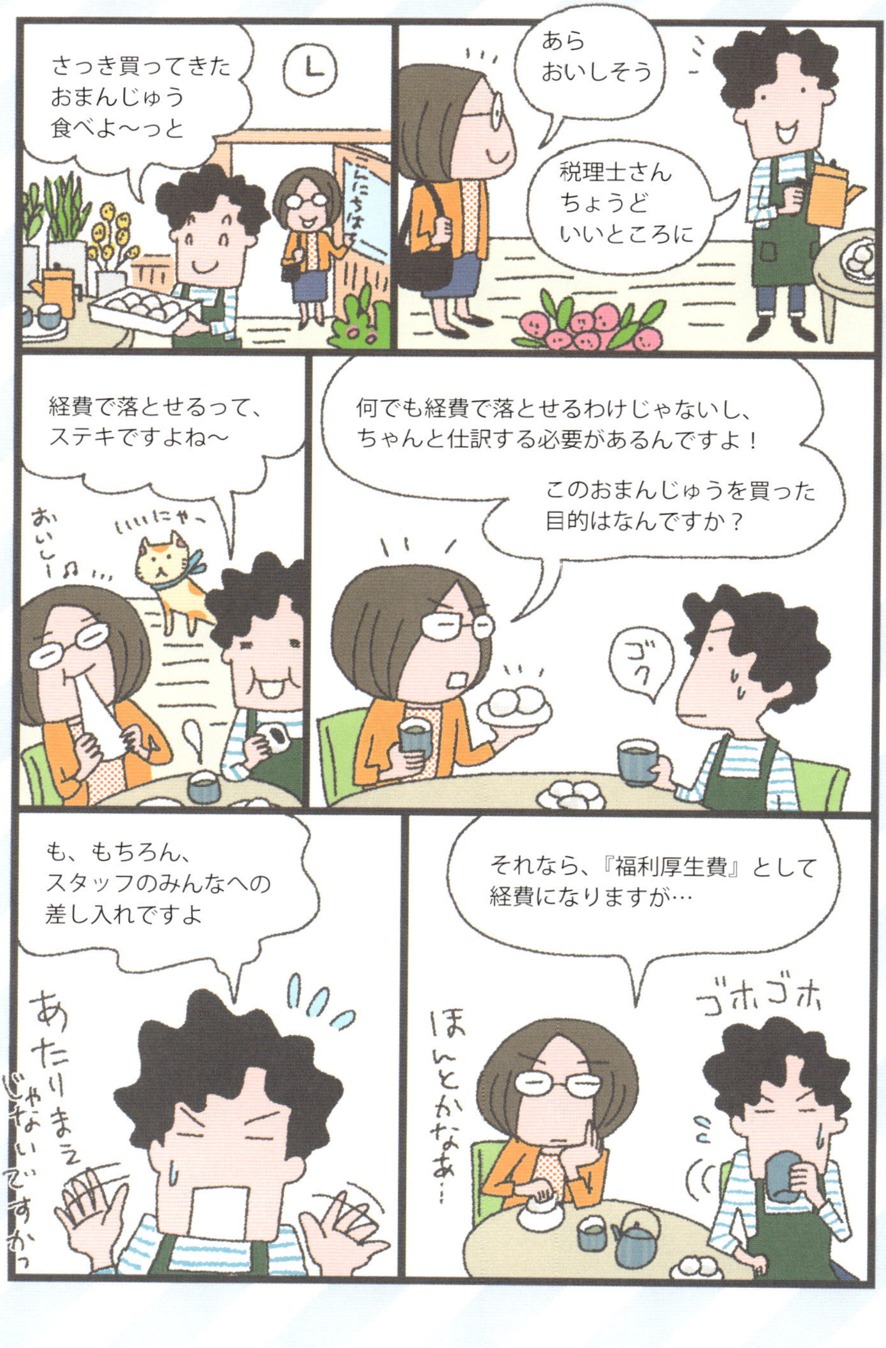

経費の支払い①
社員に給料を支払った

給料手当（きゅうりょうてあて）の仕訳

PART3 ▶ よくある取引を見てみよう　仕訳の基本パターン&コツ【給料手当】

従業員に賃金や時間外手当、住宅手当などを支払ったときは「給料手当」（費用グループ）で記録します。アルバイトなど臨時の従業員への給料は「雑給」という科目を別に設けることもあります

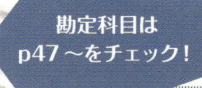

勘定科目はp47〜をチェック!

仕訳はこうなる!

ヒント
一般には、給料等を支払うときは税金等が天引きされる。詳しくは「預り金」の仕訳例へ。
check! ▶p118

取引例　給料20万円を支給した

STEP 1
給料として20万円を支給した　／　現金が20万円減った

STEP 2
給料手当＝費用グループが20万円うまれた　／　現金＝資産グループが20万円減った

STEP 3
費用の発生は左（借方）　／　資産の減少は右（貸方）

仕訳のルールを復習　study! ▶p41

| 給料手当 | 200,000 | 現金 | 200,000 |

✓できたらcheck! ▶ □

085

経費の支払い②
結婚した社員にお祝い金を渡した

福利厚生費（ふくりこうせいひ）の仕訳

> 従業員の健康や生活をサポートするために会社が支払うお金は**「福利厚生費」（費用グループ）**で仕訳しましょう。下に挙げたように、「福利厚生費」にはさまざまな種類があります

こんなものが「福利厚生費」

医療関連の費用
- 医薬品
- 定期健康診断
- 予防注射　　　など

厚生施設の費用
- 社宅・寮
- 食堂や体育館　　など

親睦活動の費用
- 慰安旅行
- 親睦会
- 運動会　　　　など

慶弔関連の費用
- 結婚祝い
- 出産祝い
- 香典・見舞金　など

消耗品の費用
- お茶、コーヒー
- トイレットペーパー
- 制服　　　　　など

保険関連の費用
- 生命保険
- 損害保険　　　など

---

keyword

似ている勘定科目：「法定福利費」（ほうていふくりひ）

健康保険や厚生年金、雇用保険などの法律にもとづいた保険料の（会社負担分の）支払いには**「法定福利費」（費用グループ）**という科目を使います。この科目を設けないで、福利厚生費で処理するケースも。

こんなときは、何費になる？

例 出産祝い金1万円を渡した

A 相手が**社員**のとき
→ **福利厚生費**

従業員の冠婚葬祭の祝い金や香典、見舞金は福利厚生のための支出。

B 相手が**取引相手**のとき
→ **交際費** check! ▶p90

仕事上で関係のある社外の人への慶弔費用は、「交際費」で処理する。

ポイント 常識的な金額であること

過度な支給は給料の現物支給等と見なされ、「福利厚生費」にならない。

仕訳はこうなる！

勘定科目はp47〜をチェック！

取引例 結婚した社員にお祝い金3万円を包んだ

STEP 1 お祝い金3万円を渡した ／ 現金が3万円減った

STEP 2 福利厚生費＝費用グループが3万円うまれた ／ 現金＝資産グループが3万円減った

STEP 3 費用の発生は左（借方） ／ 資産の減少は右（貸方）

仕訳のルールを復習 study! ▶p41

| 福利厚生費 | 30,000 | 現金 | 30,000 |

✓できたらcheck! ▶ □

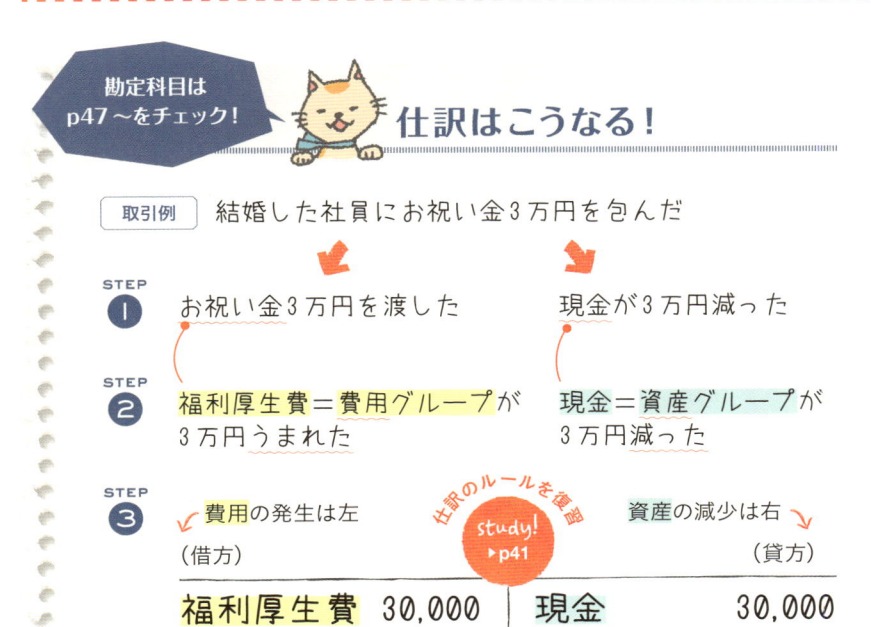

PART3 ▶ よくある取引を見てみよう 仕訳の基本パターン＆コツ【福利厚生費】

経費の支払い③
打ち合わせをしてコーヒー代を支払った

会議費(かいぎひ)の仕訳

> 仕入れの帰りに、スタッフとコーヒーを飲みながら打ち合わせ。この支払いは経費ですよね♪

> 仕事に関する打ち合わせなら**「会議費」（費用グループ）**で記録しますね。会議のための場所代、お茶菓子代、資料代などの支払い時に用います

勘定科目はp47〜をチェック！

仕訳はこうなる！

取引例 社員と喫茶店で打ち合わせをし、コーヒー代1200円を支払った

STEP 1
- コーヒー代1200円を支払った
- 現金が1200円減った

STEP 2
- 会議費＝費用グループが1200円うまれた
- 現金＝資産グループが1200円減った

STEP 3
- 費用の発生は左（借方）
- 資産の減少は右（貸方）

仕訳のルールを復習 study! ▶p41

| 会議費 | 1,200 | 現金 | 1,200 |

✓できたらcheck! ▶ □

こんなときは、何費になる?

例 ランチミーティングをして食事代を支払った

A 相手が**社員**のとき
→ **会議費**

会議室で会議中に食べる弁当代はもちろん、社外であっても会議や打ち合わせの実体があり、ランチ程度の金額の支払いならOK。

B 相手が**取引相手**のとき
→ **会議費**

取引先の人と打ち合わせをしながら食べた食事代も、ランチ程度の金額なら「会議費」。会議といいつつ実体は接待なら「交際費」などに。

> **ポイント1** 相手や場所は問わないが、「会議の実体」があること

C 取引相手と**2万円のコース料理**を堪能した
→ **交際費** （check! ▶p90）

金額が常識の程度以上のため「会議費」にはならない。接待や交際のための支払いと考えれば「交際費」。

> **ポイント2** 常識的な「ランチ程度」の金額を超えないこと

---

keyword

似ている勘定科目：**「研修費」**

ビジネスマナーや管理職研修、スキルアップのための研修など、仕事に必要な知識や技能を得るためにお金を支払ったときは「研修費」（費用グループ）という勘定科目を使うことも。

セミナー参加費や会場への交通費、講師への謝礼金なども含まれます。

PART3 ▶ よくある取引を見てみよう　仕訳の基本パターン&コツ【会議費】

経費の支払い④
取引先への手土産を購入した

交際費（こうさいひ）の仕訳

得意先への差し入れは、経費にできるんですよね

取引先との付き合いを深めるための支払いなので**「交際費」（費用グループ）**という科目になります。土産代のほか、飲食代、お歳暮やお中元、お祝い、送迎代、接待ゴルフなど多岐にわたります

こんなときは、何費になる？

例 10万円で贈り物をした

A
慈善団体に現金10万円を**寄付した**

→ **寄付金**

事業に直接関係のない神社の祭礼や社会事業団体への寄付は「寄付金」（費用グループ）。

仕事でかかわりのある相手なら
交際費！

B
社名入りカレンダーをつくり、**一般来店者に**配った

→ **広告宣伝費** （check! ▶p92）

不特定多数を対象に、宣伝効果をねらって配布したときは「広告宣伝費」（費用グループ）。

特定の人・取引先だけに渡したら
交際費！

C
従業員でテーマパークへ行った

→ **福利厚生費** （check! ▶p86）

社員旅行のように、従業員の慰安を目的にした支出は「福利厚生費」（費用グループ）に。

取引相手と行ったなら
交際費！

> 税法では、会社規模に応じて「交際費」を損金（税法上の費用＝経費）にできる限度額があるの

> むむ？　限度額を超えた分は、経費にできないってこと？　どうして？

> 会社が納める法人税は利益に応じて計算されます。交際費（費用）が増えれば増えるほど、利益が減って法人税も減ることになります。
> そのため、損金にできる交際費に上限が設けられているんです

仕訳はこうなる！

勘定科目はp47～をチェック！

取引例　得意先への手土産として、5000円のケーキを買った

STEP 1
お付き合いのためにケーキ5000円を買った　｜　現金が5000円減った

STEP 2
交際費＝費用グループが5000円うまれた　｜　現金＝資産グループが5000円減った

STEP 3
費用の発生は左（借方）　｜　資産の減少は右（貸方）

study! ▶p41　仕訳のルールを復習

| 交際費 | 5,000 | 現金 | 5,000 |

✓できたらcheck! ▶ □

PART3 ▶ よくある取引を見てみよう　仕訳の基本パターン&コツ【交際費】

経費の支払い⑤
年末セールの チラシをつくった

広告宣伝費 の仕訳

年末セールにむけて、お客さまに配るチラシをつくりました。これは何費ですか？

不特定多数にむけて、売り上げアップを目指した支出なので「広告宣伝費」（費用グループ）です

こんなものが「広告宣伝費」

- ダイレクトメール
- テレビコマーシャル
- 雑誌等への広告掲載
- 商品パンフレット
- 会社案内
- 求人広告
- 宣伝効果を期待した社名入りグッズ

など

売り上げアップ！　　イメージアップ！

30万円の看板広告を出したら？

有形固定資産の「構築物」や「器具・備品」（資産グループ）で処理する

宣伝目的とはいえ、10万円以上の看板をつくったり、購入したりしたときは「構築物」「器具・備品」などの有形固定資産（→p98）として仕訳します。その後、「減価償却（→p156）」という方法で徐々に費用にします。

> 勘定科目はp47〜をチェック！

仕訳はこうなる！

取引例 チラシ代７万円を現金で支払った

STEP 1
チラシ代７万円を支払った　　　現金が７万円減った

STEP 2
広告宣伝費＝費用グループが７万円うまれた　　　現金＝資産グループが７万円減った

STEP 3

仕訳のルールを復習 study! ▶p41

費用の発生は左（借方）　　　資産の減少は右（貸方）

| 広告宣伝費 | 70,000 | 現金 | 70,000 |

✓できたらcheck! ▶ □

---

keyword

似ている勘定科目：「販売促進費（はんばいそくしんひ）」

広告宣伝と似ていますが、もっとストレートな、売り上げアップ、販売促進のために生じる支出を記録するための勘定科目に、「販売促進費」（費用グループ）というものもあります。

具体的には、実演販売やサンプル商品の配布、展示会や見本市、特売などです。

厳密な決まりではないので、どんなケースのときにどの勘定科目を使うか、会社のルールに従いましょう。

> 街頭などで配るサンプル商品の費用は「広告宣伝費」や「販売促進費」です

PART3 ▶ よくある取引を見てみよう　仕訳の基本パターン&コツ【広告宣伝費】

経費の支払い⑥
出張中の宿泊代や交通費を支払った

旅費交通費（りょひこうつうひ）の仕訳

出張で宿泊代や交通費がかかったときは「**旅費交通費**」（費用グループ）で記録するんだね

こんなものが「旅費交通費」

旅費
- 出張時の往復交通費
- 出張時の宿泊代
- 出張手当
- 有料道路通行料　　など

交通費
- 電車代
- バス代
- タクシー代
- ガソリン代
- 駐車場代　　など

領収書がないときは交通費精算書をもとに記録します

keyword

似ている勘定科目：「通勤費」

従業員が通勤するためにかかるお金は「**通勤費**」（費用グループ）という科目を設定することもあります。

電車やバスなどの通勤定期券や、自動車通勤する人への現金支給などがこれにあたります。

会社によって、「**旅費交通費**」で記録したり、通勤手当として「**給料手当**」に含めて記録することもあります。

こんなときは、何費になる？

例 花博覧会を見学しに出張した

A 展示場へのバス代を支払った
→ 旅費交通費

出張に出たときにかかった支払いなので「旅費交通費」になる。

B 空き時間に、観光スポットをまわった
→ 自腹 OR 給料手当

業務の遂行には関係のないことなので自腹。会社が支払うなら「給料手当」（費用グループ）という考え方も。

勘定科目はp47〜をチェック！

仕訳はこうなる！

取引例 出張のため交通費と宿泊代5万円を現金で支払った

STEP 1 出張費用5万円を支払った ／ 現金が5万円減った

STEP 2 旅費交通費＝費用グループが5万円うまれた ／ 現金＝資産グループが5万円減った

STEP 3 費用の発生は左（借方） ／ 資産の減少は右（貸方）

仕訳のルールを復習 study! ▶p41

| 旅費交通費 | 50,000 | 現金 | 50,000 |

✓できたらcheck! ▶ □

PART3 ▶ よくある取引を見てみよう　仕訳の基本パターン＆コツ【旅費交通費】

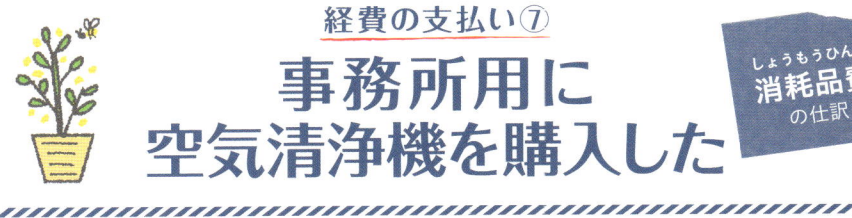

経費の支払い⑦
事務所用に空気清浄機を購入した

しょうもうひんひ 消耗品費 の仕訳

> ボールペンを購入したら「消耗品費」（費用グループ）という勘定科目で記録します。空気清浄機のような備品も、少額なら消耗品費を使います

こんなものが「消耗品費」

- ノート代
- 筆記用具代
- 封筒代
- ファイル代
- コピー用紙代

事務用消耗品
事務用品だけをまとめて「事務用品費」などの勘定科目で分けることもある

- トイレットペーパー
- 蛍光灯
- 洗剤

- 道具箱
- 作業台
- 台車
- キャビネット
- 事務用机
- イス　　など

消耗品費になるポイント

消耗品費などの費用として記録するか、「器具・備品」（→p98）などの資産として記録するかは、取得価額（入手にかかった価格）とそれを使用できる期間によります。

ポイント1
取得価額が10万円未満

ポイント2
耐用年数※が1年未満

> 中小企業者等で取得価額30万円未満なら費用にニャる

※耐用年数とは、何年間使用に耐えられるか税法等で設定した年数。

こんなときは、何費になる?

例 パソコンを買った

A 7万円の モバイルPCを買った
→ **消耗品費**
10万円未満の備品なので、科目は「消耗品費」で費用として処理。

B 35万円の パソコンを買った
→ **器具・備品** check! ▶p98
10万円(中小企業等では30万円)以上なので「器具・備品」(資産グループ)に。

勘定科目はp47〜をチェック!

仕訳はこうなる!

取引例 4万円の空気清浄機を現金で購入した

STEP 1
空気清浄機代4万円を支払った / 現金が4万円減った

STEP 2
消耗品費=費用グループが4万円うまれた / 現金=資産グループが4万円減った

STEP 3 仕訳のルールを復習 study! ▶p41
費用の発生は左 (借方) / 資産の減少は右 (貸方)

| 消耗品費 | 40,000 | 現金 | 40,000 |

✓できたらcheck! ▶ ☐

PART3 ▶ よくある取引を見てみよう 仕訳の基本パターン&コツ 〔消耗品費〕

詳しく知りたい

もう少し突っ込んだ説明をします！

固定資産の取引①
商品保管用の冷蔵庫を購入した

器具・備品の仕訳

> 先日、社長が注文していた花を保管するためのフラワーキーパーが届きました

> 高額な備品、かつ長く使うものですから「器具・備品」（資産グループ）で記録しましょう

固定資産のおもな勘定科目

建物・構築物
事業のために必要な建物や、建物に附随する設備、塀や橋など。
- 事務所や店舗
- 工場、倉庫
- 電気設備
- 庭園　など

土地
事業に使用するためにもっている土地。販売や投資目的のものは除く。
- 土地の代金
- 購入にかかる仲介手数料
- 整地のための費用　など

車両運搬具
事業に必要なもので、人やモノを運ぶために陸上で使う乗り物。
- 自動車
- 二輪車
- トラック
- フォークリフト　など

器具・備品
事業のために必要な道具。1年以上使うもので10万円以上のもの（1年未満、または10万円未満のものは「消耗品費（費用グループ）」）。
- 応接セット
- 事務机
- パソコン
- コピー機　など

消耗品費
check!
▶p96

> 固定資産の購入金額には付随費用も含めます

固定資産は、購入手数料や運送費などの付随費用を加えた価格が取得価額になります。

勘定科目は p47〜をチェック！

仕訳はこうなる！

> **ヒント**
> 小切手で支払ったときは「当座預金」（資産グループ、→p64）という勘定科目で処理。また、運送費は購入金額に含める。

取引例 商品を保管するための業務用冷蔵庫を80万円で購入し、小切手で支払った。運送費1万円は現金で支払った

STEP 1
81万円で業務用冷蔵庫を手に入れた

80万円を小切手で支払い、1万円現金を支払った

STEP 2
器具・備品＝資産グループが81万円増えた

当座預金＝資産グループが80万円減った

現金＝資産グループが1万円減った

STEP 3

仕訳のルールを復習 study! ▶p41

資産の増加は左 （借方） ／ 資産の減少は右 （貸方）

器具・備品	810,000	当座預金	800,000
		現金	10,000

✓ できたらcheck! ▶ □

PART3 ▶ よくある取引を見てみよう　仕訳の基本パターン＆コツ【器具・備品】

目に見えない固定資産もあるニャ

〈無形固定資産のおもな勘定科目〉

のれん
長年の経営で培ってきた会社の信用、ブランドイメージ、伝統など。

借地権（しゃくちけん）
土地を借りて、建物の敷地等に使用する権利。

特許権（とっきょけん）
新しい製品や製法を発明したものに一定期間与えられる独占権。

左に挙げたような目に見える固定資産は有形固定資産。一方、「権利」のような目に見えない固定資産は無形固定資産といいます。

099

詳しく知りたい

固定資産の取引②
業務に使っていた自動車を売った

車両運搬具(しゃりょううんぱんぐ)の仕訳

古くなったお店の配達車。知人に「買い取ろうか？」っていわれたんですけど……

車は「車両運搬具」（資産グループ）として記録された資産。買取価額次第で損得が生じます

ほほー。ぜひとも、「損」と「得」の境界線を教えてください！

資産価値は「帳簿価額」をチェック

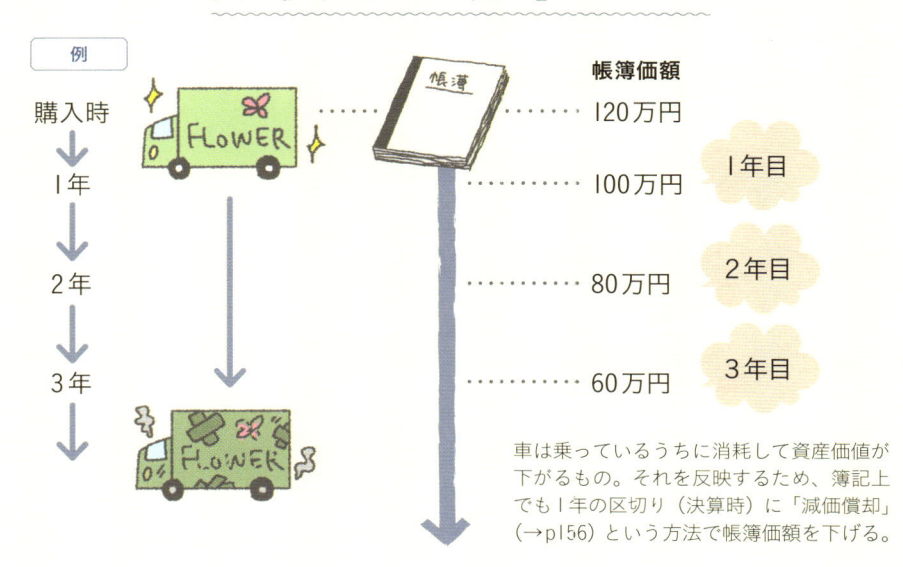

例

購入時 　　　　　　　　　　　　　　　 帳簿価額
　↓　　　　　　　　　　　…………… 120万円
1年　　　　　　　　　　　　　　　　　　　　　　1年目
　↓　　　　　　　　　　　…………… 100万円
2年　　　　　　　　　　　　　　　　　　　　　　2年目
　↓　　　　　　　　　　　…………… 80万円
3年　　　　　　　　　　　　　　　　　　　　　　3年目
　↓　　　　　　　　　　　…………… 60万円

車は乗っているうちに消耗して資産価値が下がるもの。それを反映するため、簿記上でも1年の区切り（決算時）に「減価償却」（→p156）という方法で帳簿価額を下げる。

固定資産を売ったら「帳簿価額」との差額をチェックしましょう

帳簿価額より安く売ったら「損」

帳簿価額に満たなかった分は損になる。「**固定資産売却損**」（費用グループ）という勘定科目で処理する。

帳簿価額60万円 > 売却価額45万円

15万円の損！

勘定科目はp47〜をチェック！

仕訳はこうなる！

帳簿価額より安く売ったとき

取引例　帳簿価額60万円の車を売却して、現金45万円を受け取った

STEP 1
現金45万円を受け取った
15万円の損が出た

60万円の車を手放した

STEP 2
現金＝資産グループが45万円増えた
固定資産売却損＝費用グループが15万円うまれた

車両運搬具＝資産グループが60万円減った

STEP 3
資産の増加は左
費用の発生は左
（借方）

資産の減少は右
（貸方）

仕訳のルールを復習 study! ▶p41

借方	貸方
現金　　　　　450,000	車両運搬具　600,000
固定資産売却損　150,000	

✓できたらcheck！▶ ☐

反対に、帳簿価額より高く売れたらどうなるの？

帳簿価額より高く売れたら「もうけ」

帳簿価額より高く売れた分はもうけになる。「**固定資産売却益**」（収益グループ）という勘定科目で処理する。

帳簿価額60万円 < 売却価額70万円

10万円のもうけ！

仕訳はこうなる！

帳簿価額より高く売ったとき

取引例　帳簿価額60万円の車を売却して、現金70万円を受け取った

STEP 1
- 現金70万円を受け取った
- 60万円の車を手放し、10万円のもうけを得た

STEP 2
- 現金＝資産グループが70万円増えた
- 車両運搬具＝資産グループが60万円減った
- 固定資産売却益＝収益グループが10万円うまれた

STEP 3

仕訳のルールを復習 study! ▶p41

資産の増加は左　　　　　　　　　資産の減少は右
　　　　　　　　　　　　　　　　収益の発生は右
（借方）　　　　　　　　　　　　　　　　（貸方）

現金	700,000	車両運搬具	600,000
		固定資産売却益	100,000

✓できたらcheck! ▶ □

会社の活動はさまざま 〜その他の取引編〜

これまで見てきた取引以外にも、いろいろな取引があるんですよ

銀行からお金を借りたり

出張前のスタッフにお金を渡したり

給料から税金を天引きしたり

株を買ってみたり

あの……よくわからない入金があるんですけど…これは…？

パリから入金が…まちがいかなぁ

よくわからない入金？見せてみて

とりあえず取引のいろいろを見てみましょうか

あ…これは…

うふふ

PART3 ▶ よくある取引を見てみよう 仕訳の基本パターン&コツ 【車両運搬具】

103

その他の取引①
株を買った 株を売った

有価証券の仕訳（ゆうかしょうけん）

> 「株」ってわかりますか？

> カブね、別名すずなともいって、春の七草のひとつです。菜の花みたいな花で……

> ……そうじゃなくて「株式」つまり有価証券のことですよ。一から説明しましょうね

換金できる、価値の有る証券＝有価証券

■株の売り買いで、もうけたり損したり

　企業が発行する「株式」や、国や地方公共団体が発行する「国債」「地方債」などをまとめて「有価証券」といいます。**会社が有価証券を購入したり保有したりするときは「有価証券」（資産グループ）という勘定科目で記録します。**

　資金に余裕のある会社は、資金運用の方法として有価証券を活用することがあります。たとえば、将来成長しそうな企業の株式を保有して配当金を受け取る方法。また、株式の価格は刻一刻と変化するため、株式の売買を通じて差額をもうける方法もあります。簿記では、この差額を「有価証券売却益（収益グループ）」「有価証券売却損（費用グループ）」という科目で記録します。

勘定科目は p47〜をチェック！ 仕訳はこうなる！

有価証券を買ったとき

取引例 Y社の株式 20万5000円を購入。手数料 5000円と合わせて現金で支払った

> **ヒント**
> 手数料は、有価証券の購入額に含める。

STEP 1 株式 21万円を手に入れた ／ 現金が 21万円減った

STEP 2 有価証券＝資産グループが 21万円増えた ／ 現金＝資産グループが 21万円減った

STEP 3
- 資産の増加は左（借方）
- 資産の減少は右（貸方）

仕訳のルールを復習 study! ▶p41

| 有価証券 | 210,000 | 現金 | 210,000 |

有価証券を売ったとき

取引例 21万円で買った株式を 25万5000円で売却。手数料 5000円を引いた残りが入金された

> **ヒント**
> 売却額から購入額＋手数料を引いた 4万円がもうけ。

STEP 1 普通預金に 25万円振り込まれた ／ 株式 21万円がなくなり、4万円もうかった

STEP 2 普通預金＝資産グループが 25万円増えた ／ 有価証券＝資産グループが 21万円減った／有価証券売却益＝収益グループが 4万円うまれた

STEP 3
- 資産の増加は左（借方）
- 資産の減少は右／収益の発生は右（貸方）

仕訳のルールを復習 study! ▶p41

| 普通預金 | 250,000 | 有価証券 | 210,000 |
| | | 有価証券売却益 | 40,000 |

✓ できたら check! ▶ ☐

その他の取引②
社内貸付制度で社員にお金を貸した

貸付金（かしつけきん）の仕訳

社員へ住宅資金を融資したときや関係会社に対してお金を貸したときは「貸付金」（資産グループ）という科目で記録します

お金を貸したってことは、返してもらうときに利息をもらえるんですね！

勘定科目はp47〜をチェック！

仕訳はこうなる！

お金を貸したとき

取引例 貸付制度を利用した社員に60万円を貸し付けた

STEP 1 60万円を貸した ／ 現金が60万円減った

STEP 2 貸付金＝資産グループが60万円増えた ／ 現金＝資産グループが60万円減った

STEP 3 資産の増加は左（借方） ／ 資産の減少は右（貸方）

仕訳のルールを復習 study! ▶p41

| 貸付金 | 600,000 | 現金 | 600,000 |

✓できたらcheck! ▶ ☐

返済されたとき

取引例 貸していた60万円と利子1万円が現金で返済された

ヒント
返済金額は「貸付金＋利子」の計61万円。利子は「受取利息」（収益グループ、→p52）という勘定科目を用いる。

STEP 1
- 現金61万円を受け取った
- 貸付金60万円がなくなり利子が1万円うまれた

STEP 2
- 現金＝資産グループが61万円増えた
- 貸付金＝資産グループが60万円減った
- 受取利息＝収益グループが1万円うまれた

STEP 3

仕訳のルールを復習 study! ▶p41

資産の増加は左（借方）／資産の減少は右　収益の発生は右（貸方）

借方	金額	貸方	金額
現金	610,000	貸付金	600,000
		受取利息	10,000

返済までの期間で科目を分ける

基本的には、返済してもらうまでの期間が1年を超えるかどうかによって仕訳する勘定科目「短期貸付金」と「長期貸付金」を使い分ける。

- 返済まで1年を超える → **長期貸付金**
- 返済まで1年以内 → **短期貸付金**
- 一時的な立替払い（利息なし） → **立替金**

1年を区切りに分類するため「ワンイヤールール」というニャ

取引先や従業員などが払うべきお金を一時的に立て替えて支払ったときは「立替金」（資産グループ）という勘定科目で記録する（→p115）。

PART3 ▶ よくある取引を見てみよう　仕訳の基本パターン&コツ【貸付金】

その他の取引③
信用金庫からお金を借りた

借入金（かりいれきん）の仕訳

👤「先日、信用金庫の人と話しました。うちのお店、借金しているけど、大丈夫でしょうか？」

👤「大丈夫！ 設備投資で活動の幅を広げて、会社を発展させるための前向きな借金ですもの。借りたお金は「借入金」（負債グループ）の科目で記録し、きっちり返済していくから大丈夫よ」

勘定科目はp47〜をチェック！

仕訳はこうなる！

お金を借りたとき

取引例 信用金庫から事業資金として500万円借り、普通預金に入金された

STEP 1
- 預金残高が500万円増えた
- 500万円の借金をした

STEP 2
- 普通預金＝資産グループが500万円増えた
- 借入金＝負債グループが500万円増えた

STEP 3
- 資産の増加は左（借方）
- 負債の増加は右（貸方）

仕訳のルールを復習 study! ▶p41

| 普通預金 5,000,000 | 借入金 5,000,000 |

返済したとき

取引例 返済日に、借りていた500万円と利子10万円が引き落とされた

> **ヒント**
> 返済金額は「借入金＋利子」の計510万円。利子は「**支払利息**」（費用グループ、→p55）という勘定科目を用いる。

STEP 1
借金500万円がなくなり、利子10万円を支払った｜普通預金から510万円が引き落とされた

STEP 2
借入金＝**負債**グループが500万円減った
支払利息＝**費用**グループが10万円うまれた
普通預金＝**資産**グループが510万円減った

STEP 3
負債の減少は左
費用の発生は左
（借方）

資産の減少は右
（貸方）

仕訳のルールを復習 study! ▶p41

借入金	5,000,000	普通預金	5,100,000
支払利息	100,000		

✓できたらcheck! ▶ ☐

借りている期間で2つに分類

基本的には、返済するまでの期間が1年を超えるかどうかによって仕訳する勘定科目「**短期借入金**」と「**長期借入金**」を使い分ける。

返済まで **1年を超える** → **長期借入金**

返済まで **1年以内** → **短期借入金**

>「貸付金」（→p107)と同じ区切り。セットで覚えましょう

PART3 ▼ よくある取引を見てみよう　仕訳の基本パターン&コツ【借入金】

その他の取引④
パソコンを翌月払いで買った

> 未払金（みはらいきん）の仕訳

> あと払いで買ったわけだから、仕入れのときのように「買掛金」（→p74）で記録かな？

> おしい！　あと払いではありますが、商品以外のものを買ったときは別の科目で記録します

■「商品以外のもの」のあと払い

　営業車やキャビネット、パソコンといった**商品以外のものをあと払いで購入したときは、「未払金」（負債グループ）**という勘定科目で記録します。

　あと払いで購入するという点では、「買掛金」と同じ。混同しやすいため、注意して仕訳しましょう。

間違えやすい科目をスッキリ整理！

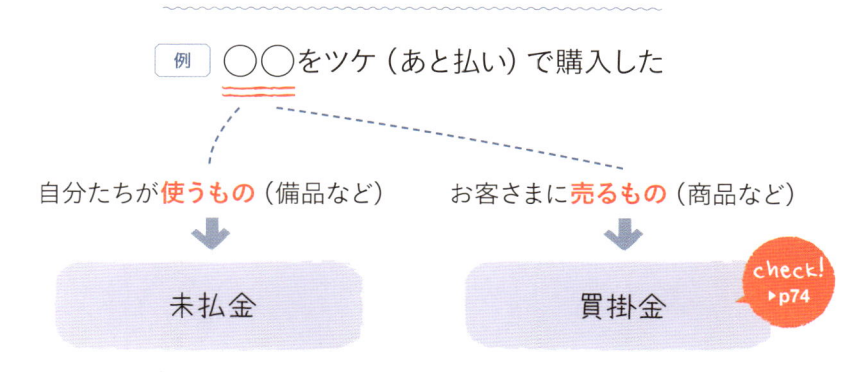

例　○○をツケ（あと払い）で購入した

自分たちが**使うもの**（備品など）
→ **未払金**
机やイス、事務機器、会社の光熱費などには「未払金」を用いる。

お客さまに**売るもの**（商品など）
→ **買掛金**　check! ▶p74
商品や製品のようにお客さまに販売するものは「買掛金」を用いる。

勘定科目は
p47〜をチェック！

仕訳はこうなる！

翌月払いで購入したとき

取引例 パソコンを20万円で購入し、支払いは翌月にしてもらった

> **ヒント**
> 商品以外のものをあと払いで購入したときの勘定科目は「未払金」を使う。

STEP 1 20万円のパソコンを手に入れた ／ 翌月の支払いが20万円うまれた

STEP 2 器具・備品＝資産グループが20万円増えた ／ 未払金＝負債グループが20万円増えた

STEP 3 資産の増加は左（借方） ／ 負債の増加は右（貸方）

仕訳のルールを復習 study! ▶p41

| 器具・備品 | 200,000 | 未払金 | 200,000 |

翌月、代金を支払ったとき

取引例 あと払いの約束をしていたパソコン代20万円を現金で支払った

STEP 1 未払金20万円がなくなった ／ 現金20万円を支払った

STEP 2 未払金＝負債グループが20万円減った ／ 現金＝資産グループが20万円減った

STEP 3 負債の減少は左（借方） ／ 資産の減少は右（貸方）

仕訳のルールを復習 study! ▶p41

| 未払金 | 200,000 | 現金 | 200,000 |

✓できたらcheck！▶ ☐

PART3 ▶ よくある取引を見てみよう　仕訳の基本パターン&コツ【未払金】

その他の取引⑤
商品の注文があり内金を受け取った

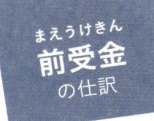

まえうけきん 前受金 の仕訳

ウェディングブーケの注文を受けて、内金を受け取りました。どうしたらいいの？

内金、つまり手付金には「前受金」（負債グループ）という勘定科目を使います

■注文時の手付金は「前受金」で一時的に処理

　商品を販売したり、サービスを提供したりする前に、お客さまから代金の一部（または全部）を先に受け取るときは「前受金」という科目で記録します。**あとで商品を引き渡す義務がうまれたと考えるため、負債グループ**なのです。

「売上」は商品を納めるときに仕訳する

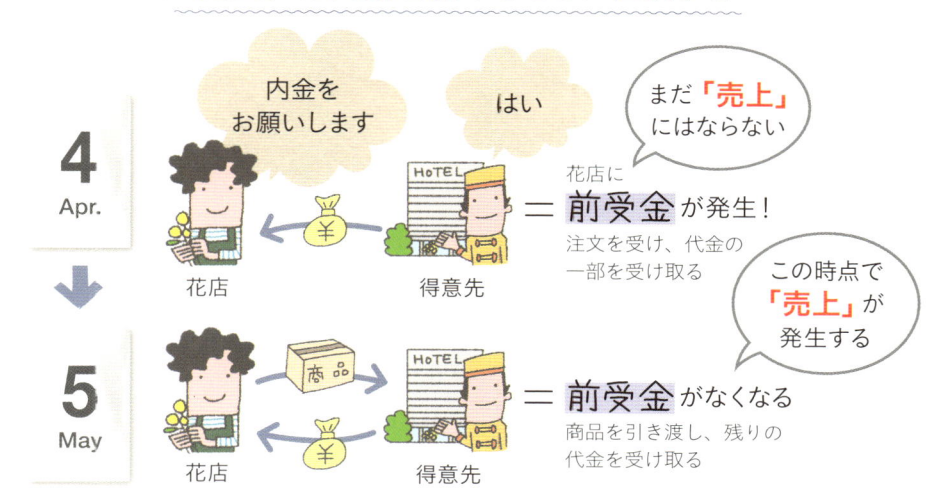

4 Apr.
内金をお願いします／はい
花店 ← 得意先
まだ「売上」にはならない
＝ 花店に**前受金**が発生！
注文を受け、代金の一部を受け取る

5 May
花店 ← 商品／¥ ← 得意先
この時点で「売上」が発生する
＝ **前受金**がなくなる
商品を引き渡し、残りの代金を受け取る

勘定科目は p47〜をチェック！

仕訳はこうなる！

内金を受け取ったとき

取引例 5万円の商品の注文があり、内金1万円を受け取った

STEP 1 現金1万円を受け取った／あとで商品を引き渡す義務がうまれた

STEP 2 現金＝資産グループが1万円増えた／前受金＝負債グループが1万円増えた

STEP 3 資産の増加は左（借方）／負債の増加は右（貸方）

仕訳のルールを復習 study! ▶p41

借方		貸方	
現金	10,000	前受金	10,000

商品を引き渡したとき

取引例 5万円の商品を引き渡し、内金1万円を引いた残りを現金で受け取った

💡 **ヒント** このときの受取額は、商品代金5万円から内金1万円を引いた4万円。

STEP 1 現金4万円を受け取り、商品を引き渡す義務（前受金1万円）がなくなった／5万円の売り上げがうまれた

STEP 2 現金＝資産グループが4万円増えた／前受金＝負債グループが1万円減った／売上＝収益グループが5万円うまれた

STEP 3 資産の増加は左／負債の減少は左（借方）／収益の発生は右（貸方）

仕訳のルールを復習 study! ▶p41

借方		貸方	
現金	40,000	売上	50,000
前受金	10,000		

✓ できたらcheck! ▶ ☐

PART3 ▼ よくある取引を見てみよう　仕訳の基本パターン＆コツ【前受金】

その他の取引⑥
出張前にひとまず10万円支給した

仮払金（かりばらいきん）の仕訳

出張する従業員が「手持ちがないから先に出張費をください」って。どう記録すればいいですか？

勘定科目や金額が未確定の費用が出たときは一時的に「仮払金」（資産グループ）という科目で仕訳をしましょう

勘定科目はp47〜をチェック！

仕訳はこうなる！

出張前に、一時的にお金を渡すとき

取引例 出張前に、とりあえず10万円を支給した

STEP 1
- 使い道や金額が未定な経費が10万円うまれた
- 現金10万円を支給した

STEP 2
- 仮払金＝資産グループが10万円増えた
- 現金＝資産グループが10万円減った

STEP 3
- 資産の増加は左（借方）
- 資産の減少は右（貸方）

仕訳のルールを復習 study! ▶p41

| 仮払金 | 100,000 | 現金 | 100,000 |

出張後、精算したとき

取引例 仮払金10万円を精算（旅費交通費として8万円使用）。残金が返金された

> **ヒント**
> 返金されたのは仮払金10万円から8万円を引いた2万円。

STEP 1
- 出張費用として8万円かかり、残金2万円が戻ってきた
- 10万円の仮払金が精算された

STEP 2
- 旅費交通費＝費用グループが8万円うまれた
- 現金＝資産グループが2万円増えた
- 仮払金＝資産グループが10万円減った

STEP 3

仕訳のルールを復習 study! ▶p41

(借方) 費用の発生は左／資産の増加は左	(貸方) 資産の減少は右
旅費交通費　80,000	仮払金　100,000
現金　20,000	

✓ できたら check! ▶ ☐

---

keyword

似ている勘定科目：「立替金（たてかえきん）」

「仮払金」と同じように、一時的に現金が出ていくときに使う勘定科目に「立替金」（資産グループ）というものがあります。

立替金は、他者が支払うべきお金を一時的に立て替えて払ったときに用います。取引先が負担すべき送料の立て替えや、従業員の給料の前払いなどです。いずれ回収される予定の支出である点が「仮払金」とは異なります。

仮払金と立替金の違い

一時的に現金が出ていく
- 戻ってくる予定がある → 立替金
- 戻ってくる予定はない → 仮払金

その他の取引⑦
原因がわからない入金があった

仮受金（かりうけきん）の仕訳

何だかよくわからないんですが、会社の預金口座に5万円も入金があったんです！

うれしそうですね〜。
でも、そのまま放っておいてはダメですよ。
きちんと記録しましょう

入金の内容が不明で預かっている状態のときは「仮受金」（負債グループ）という科目で仕訳しましょう。早めに原因を調べてくださいね

ナゾの入金を一時的に処理する

this week 今週

何のお金だろう？ ＝ **仮受金**の発生！

一時的に処理する

理由はわからないが入金があった

the next week 翌週

あのときの売り上げだ！ ＝ **仮受金**がなくなる

正しい勘定科目に振り替える

入金の理由が判明した

勘定科目は p47〜をチェック！

仕訳はこうなる！

原因不明の入金があったとき

取引例 理由はわからないが、普通預金に5万円の入金があった

STEP 1 預金残高が5万円増えた　　原因不明のお金が5万円増えた

STEP 2 普通預金＝資産グループが5万円増えた　　仮受金＝負債グループが5万円増えた

STEP 3 資産の増加は左（借方）　　負債の増加は右（貸方）

仕訳のルールを復習 study! ▶p41

| 普通預金 | 50,000 | 仮受金 | 50,000 |

入金理由がわかったとき

取引例 原因不明の入金5万円は、前月商品を売ったときの売掛金の振り込みだった

ヒント
「売掛金」（資産グループ、→p76）が振り込まれた＝売掛金を回収した（売掛金がなくなった）ということ。

STEP 1 仮受金5万円がなくなった　　売掛金5万円がなくなった

STEP 2 仮受金＝負債グループが5万円減った　　売掛金＝資産グループが5万円減った

STEP 3 負債の減少は左（借方）　　資産の減少は右（貸方）

仕訳のルールを復習 study! ▶p41

| 仮受金 | 50,000 | 売掛金 | 50,000 |

✓ できたらcheck! ▶ □

PART3 ▶ よくある取引を見てみよう　仕訳の基本パターン&コツ【仮受金】

その他の取引⑧
給料から税金を天引きした

預り金(あずかりきん)の仕訳

会社は、社員が負担する所得税などを給料から天引きして、社員の代わりに納税します

社員から一時的に預かるお金だから、「預り金」（負債グループ）という科目になるんだね

勘定科目はp47～をチェック！

仕訳はこうなる！

税金等を預かったとき

取引例 給料20万円から所得税5000円を引いた残りを、普通預金から振り込んだ

ヒント
給料20万円から5000円を引いた残り19万5000円が、実際の振込額。

STEP 1
- 給料として20万円支給した
- 普通預金が19万5000円減り、所得税5000円を預かった

STEP 2
- 給料手当＝費用グループが20万円うまれた
- 普通預金＝資産グループが19万5000円減った
- 預り金＝負債グループが5000円増えた

STEP 3

仕訳のルールを復習 study! ▶p41

費用の発生は左（借方）

資産の減少は右
負債の増加は右（貸方）

借方	金額	貸方	金額
給料手当	200,000	普通預金	195,000
		預り金	5,000

税金等を納めたとき

取引例 預かっていた所得税5000円を社員の代わりに現金で納付した

STEP 1
預かっていたお金5000円がなくなった ／ 現金5000円を支払った

STEP 2
預り金＝負債グループが5000円減った ／ 現金＝資産グループが5000円減った

STEP 3
負債の減少は左（借方） ／ 資産の減少は右（貸方）

仕訳のルールを復習 study! ▶p41

| 預り金 | 5,000 | 現金 | 5,000 |

✓ できたらcheck! ▶ □

---

one point

送り仮名を忘れずに

売り上げは「売上」、仕入れは「仕入」というように、基本的には勘定科目に送り仮名はつきません。ところが、「預り金」は「預金」と区別するために、かならず送り仮名が入ります。

✗「預金」　○「預り金」
↑
預金（よきん）と混同してしまうためNG

1ヵ月分の賃金（月給）から社会保険料や税金等が差し引かれるのよ

残った分が「手取り額」ニャ

その他の取引⑨
開業資金を口座に入金した

資本金の仕訳

> 会社の設立などで株主から出してもらったお金は「資本金」（純資産グループ）で仕訳します

> 僕にも「資本金」を出してくれる人が現れないかなぁ……

株式会社の「純資産」のしくみ

株主から出資してもらったお金

- 資本金
  - 「資本金」　株主からの出資金で資本金としたもの
- 資本剰余金
  - 「資本準備金」　株主からの出資金で、資本金に組み入れなかったもの

会社の活動によってうまれた利益

- 利益剰余金
  - 「利益準備金」　利益の一部を法律に従って積み立てたもの
  - 「任意積立金」　利益の一部を会社が自由に積み立てたもの
  - 「繰越利益剰余金」　利益のうち、株主総会で処分の方法が決定されるもの

勘定科目は p47～をチェック！

仕訳はこうなる！

取引例 株式会社を設立して、出資金300万円を普通預金に振り込んだ

STEP 1
- 普通預金が300万円増えた
- 出資金300万円を得た

STEP 2
- 普通預金＝資産グループが300万円増えた
- 資本金＝純資産グループが300万円増えた

STEP 3
仕訳のルールを復習 study! ▶p41

- 資産の増加は左（借方）
- 純資産の増加は右（貸方）

| 普通預金 | 3,000,000 | 資本金 | 3,000,000 |

✓ できたらcheck! ▶ □

---

keyword

似ている勘定科目：「元入金（もといれきん）」

個人で事業をはじめる人が準備した事業資金には、「元入金」（純資産グループ）という勘定科目を用います。

「元入金」は、事業でもうけた分を足し加えたり、損した分を差し引いたりするため、毎年変動します。経営者＝出資者であれば、意思決定は自由ですので、株式会社のように複雑な手続きをふまなくても増減させることができます。

株式会社でいうと純資産グループ全体に相当する科目といえますね。

> 経営者と株主が別々の人だといろいろ大変だニャ

PART3 ▶ よくある取引を見てみよう 仕訳の基本パターン&コツ【資本金】

COLUMN 3

「ていねいに読みやすく」が鉄則!
伝票や帳簿を書く心得は……

> 読み間違いがないよう、数字は正確に。
> 黒のボールペンで記入しましょう

●アラビア数字で ていねいに書く

○ 1670
× 1670

雑にならないよう、楷書でていねいに記入する。「0」と「6」など読み間違えやすい数字はとくに注意して。

●書き間違えたら二重線を引き、金額全体を訂正する

18,500
~~13,500~~ 印

伝票や帳簿の場合、書き間違えたときは、修正テープ等は使わない。金額全体に二重線を引いて、上に書き直す。

●3ケタごとにカンマを入れる

1,000 ➡ 千円

1,000,000 ➡ 百万円

1,000,000,000 ➡ 十億円

> 数えなくても カンマの数から 金額がわかるニャ

実務では百万単位、千万単位の数字を扱うことも。ケタが多くても読み間違えないよう、3ケタごとにカンマを入れるとよい。

PART 4

日常の手続きはこれでOK
帳簿記入と伝票会計

日々、やることは
どんなこと？

PART4では、日常の業務で取引を帳簿や伝票に記録する方法を、ごく簡単に解説します

「会計ソフトにお任せ」から一歩前へ

こうして入力していけば、自動的に『報告書（決算書）』ができあがるなんて、会計ソフトは便利だな〜

えーと　これは○○費

そういえばこのあいだのお祝い金領収書ないけど…

開業20周年パーティー

おめでとうございます

お祝い

取引先とのお付き合いのための出費だから、「交際費」

1万円包んだから、仕訳は
（借方）交際費　10000
（貸方）現金　10000　と……

領収書ないけど、勝手に入力しちゃっていいのかな

領収書は!?

大丈夫、そんなときには『伝票』を活用します！※

わ!!びっくりした!!

いつの間に

よし

伝票…伝票ね…

……てどう書いておけばいいんでしたっけ？？

ん？

※伝票を使わずに、案内状＋メモをもとに仕訳したり、直接会計ソフトに入力する会社もある。

PART4 ▶ 日常の手続きはこれでOK 帳簿記入と伝票会計

あらやだ！
会計ソフトの打ち込みだけ
早くなってもダメですよぉ

もしかして
帳簿の記入方法とか
わかってないんじゃないかしら？

こっちは
カンペキ
ですよ

帳簿？ 記入？
会計ソフトにお任せ
でダメですか？

しくみがわかってないと
簿記をマスターしたとはいえないんですよ！

入力したあと、どうやって
この数字を読み解いていくの？？

帳簿の記入方法が理解できれば
会計ソフトもさらに理解できるわよ

たしかにやり方しか
わかってないかも……

取引の仕訳が
日々どう記録されるのか
しっかり勉強しましょ！

次のページから

はいっ

日常業務はこれだけ！
毎日の取引をこまめに記録する

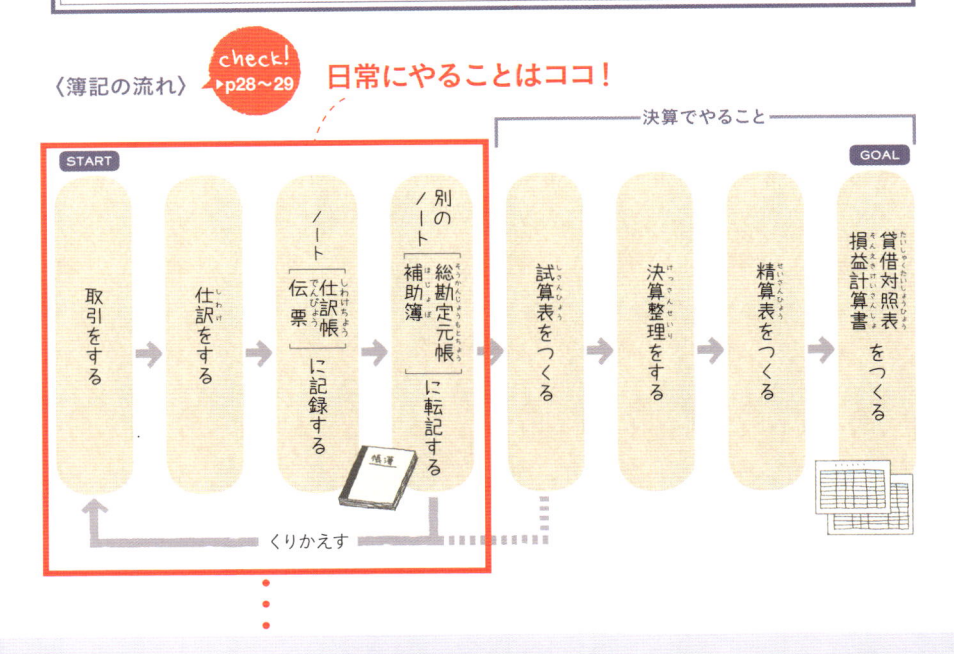

〈簿記の流れ〉 check! ▶p28〜29　日常にやることはココ！

――決算でやること――

START
- 取引をする
- 仕訳をする
- ノート［仕訳帳］伝票 に記録する
- 別のノート［総勘定元帳］補助簿 に転記する

くりかえす

- 試算表をつくる
- 決算整理をする
- 精算表をつくる
- 貸借対照表 損益計算書 をつくる

GOAL

いろいろな取引が起こる

check! ▶p34

しくみは？
check! ▶p40

取引を簿記のルールで「仕訳」していく

（借方）	（貸方）
現金　50,000	売上　50,000

仕訳例は？
check! ▶PART3

取引が起こったら、各帳簿にコツコツ記録していく（会計ソフトを使っているなら取引を入力する）。簿記で日々やることは、基本的にこれだけです。とはいえ、この記録（や入力）が間違っていると、そのあといくらていねいに記録を集計・整理しても、正確な報告書にはなりません。

「仕訳のルール」に従って、ひとつひとつの取引をきっちり記録しましょう。

帳簿は2グループに分かれる

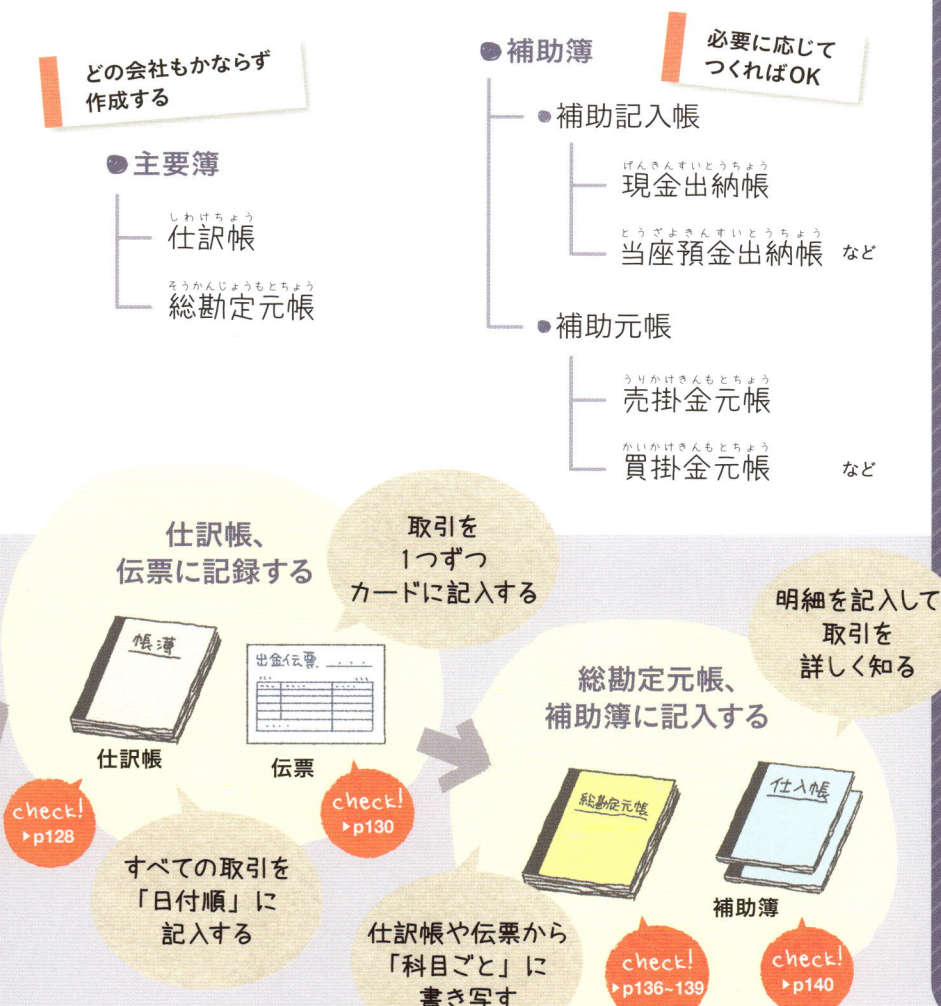

どの会社もかならず作成する

● 主要簿
　├ 仕訳帳（しわけちょう）
　└ 総勘定元帳（そうかんじょうもとちょう）

必要に応じてつくればOK

● 補助簿
　├ 補助記入帳
　│　├ 現金出納帳（げんきんすいとうちょう）
　│　└ 当座預金出納帳（とうざよきんすいとうちょう）　など
　└ 補助元帳
　　　├ 売掛金元帳（うりかけきんもとちょう）
　　　└ 買掛金元帳（かいかけきんもとちょう）　など

仕訳帳、伝票に記録する
　仕訳帳　伝票
　check! ▶p128
　check! ▶p130
　すべての取引を「日付順」に記入する

取引を1つずつカードに記入する

総勘定元帳、補助簿に記入する
　総勘定元帳　仕入帳
　補助簿
　check! ▶p136〜139
　check! ▶p140
　仕訳帳や伝票から「科目ごと」に書き写す

明細を記入して取引を詳しく知る

PART4 ▶ 日常の手続きはこれでOK 帳簿記入と伝票会計

仕訳帳を使う場合
すべての取引を日付順に記入する

取引が発生したとき、仕訳を最初に記録する帳簿が「仕訳帳」です

> 取引を仕訳したら（PART3参照）
> まず「仕訳帳」という帳簿に記録しましょう

> 仕訳を記録するから「仕訳帳」っていうんですね

> ただ、実務で仕訳帳に書き込む会社はあまりなく
> 伝票や会計ソフトで仕訳をする会社が多いの

> そういうことなんだー！　だからここでは
> 「しくみ」を知っておけばOKなんですね

■日記のように日付順に記録していく

　会社がいろいろな活動をすることで日々うまれる**取引は、すべて発生した順番で「仕訳帳」という帳簿に記録していきます。**日記帳のように日付順に記録するため、「仕訳日記帳」という呼び方をされることもあります。右の記入例のように、日付、勘定科目、金額を簡潔に記録します。

　ただ最近では、実務で仕訳帳に書き込んでいく作業を行う会社はほとんどありません。伝票を使って仕訳をしたり、領収書などをもとに仕訳を直接会計ソフトに入力したりする会社が多くなっています。通常、会計ソフトに仕訳を入力すると、仕訳帳も自動作成されます。

取引を仕訳帳に記入する

取引例
6月2日 白猫ホテルに商品5万円を販売し、代金は現金で受け取った
6月3日 花卸NN店から商品13万円を仕入れ、現金3万円を支払い、残りの代金は掛にした

仕訳はこうなる！

わからなかったら check! ▶p68, 70, 74

(借方)			(貸方)	
6/2	現金	50,000	売上	50,000
6/3	仕入	130,000	現金	30,000
			買掛金	100,000

仕訳帳

- 取引した日付を書く
- 勘定科目にかっこをつけて、借方は左寄りに、貸方は右寄りに1行ずつ書く。最後に取引の概要を記す
- 借方、貸方それぞれの金額を書き写す

○年	摘要	元丁※	借方	貸方
6/2	（現金）		50,000	
	（売上）			50,000
	白猫ホテルへの売り上げ			
6/3	（仕入）	諸口	130,000	
	（現金）			30,000
	（買掛金）			100,000
	花卸NN店からの仕入れ			

- 1つの取引ごとに赤の線を引き区切る
- 同じ側に勘定科目が複数あるときは、「諸口」と書く

※「元丁欄」には、その取引を書き写す別のノート（総勘定元帳）のページ数を記入する（→p136）。

伝票を使う場合
1つの取引を 1枚のカードに記入する

「仕訳帳」に代わって、取引をひとつひとつ 1枚の用紙に記入するのが「伝票方式」です

> 「仕訳帳」に書くより「伝票」を使って仕訳する会社が多いのは、どうしてですか？

> いい質問ですね！　それは……「伝票」を使ったほうが便利だからです

> なるほど〜。って、具体的なメリットがよくわかりませんよ〜

> 1冊のノートではなく、1枚ずつに分かれた用紙ならではの便利さがあるんですよ

■伝票会計はメリットがたくさん

　会社の取引は、日々たくさんあるものです。それを記録するものが1冊の帳簿（仕訳帳）だけとなると、1人でしか作業できず、時間もかかります。もし記入し忘れた取引があると、修正するのもひと苦労です。

　「伝票」で記録する場合は、1つの取引を1枚の伝票用紙に仕訳していきます。**1枚ずつ分かれているため、同時にたくさんの取引がうまれたときも、手分けして作業できます。並べ替えができるため、記入モレの取引があったり、日付を間違えたりしても、修正は簡単です。**

　伝票の種類は右の通り。会社が採用する方法によって使う伝票が違います。

伝票会計には3つの方法がある

3伝票制

取引を、出金取引、入金取引、それ以外の取引の3つに分ける方法。

- **出金伝票（しゅっきんでんぴょう）**：「現金」が減少する取引、つまり現金で支払いをしたときに使う伝票。
- **入金伝票（にゅうきんでんぴょう）**：「現金」が増加する取引、つまり現金を受け取ったときに使う伝票。
- **振替伝票（ふりかえでんぴょう）**：出金取引、入金取引、いずれにもあてはまらない取引に使う伝票。

＋

5伝票制

3伝票制に「売上伝票」「仕入伝票」を加えた5種類の伝票を使って記録する方法。

上の3つプラス

- **売上伝票（うりあげでんぴょう）**：売上取引を記録する伝票。5伝票制にすることで、売上取引が明確になる。
- **仕入伝票（しいれでんぴょう）**：仕入取引を記録する伝票。5伝票制にすることで、仕入取引が明確になる。

---

keyword

「起票（きひょう）」って？

取引が発生して、あたらしく伝票を書く（つくる）ことを「伝票に起こす」といったり、「起票する」といったりします。

また、小切手（→p64）を相手に渡すことを「小切手を切る」といったように、「伝票を切る」といういい方をすることもあります。会計ならではの表現ですね。

> 次ページから3伝票制で使う3種について解説します

PART4 ▶ 日常の手続きはこれでOK 帳簿記入と伝票会計

伝票の使い方①
現金が出ていったら「出金伝票」

現金が減少する取引には「出金伝票」を使います。
お金を支払った理由を明記しましょう

取引例　6月1日　仕入れの帰りに黒猫喫茶店でスタッフと打ち合わせをし、コーヒー代2000円を現金で支払った

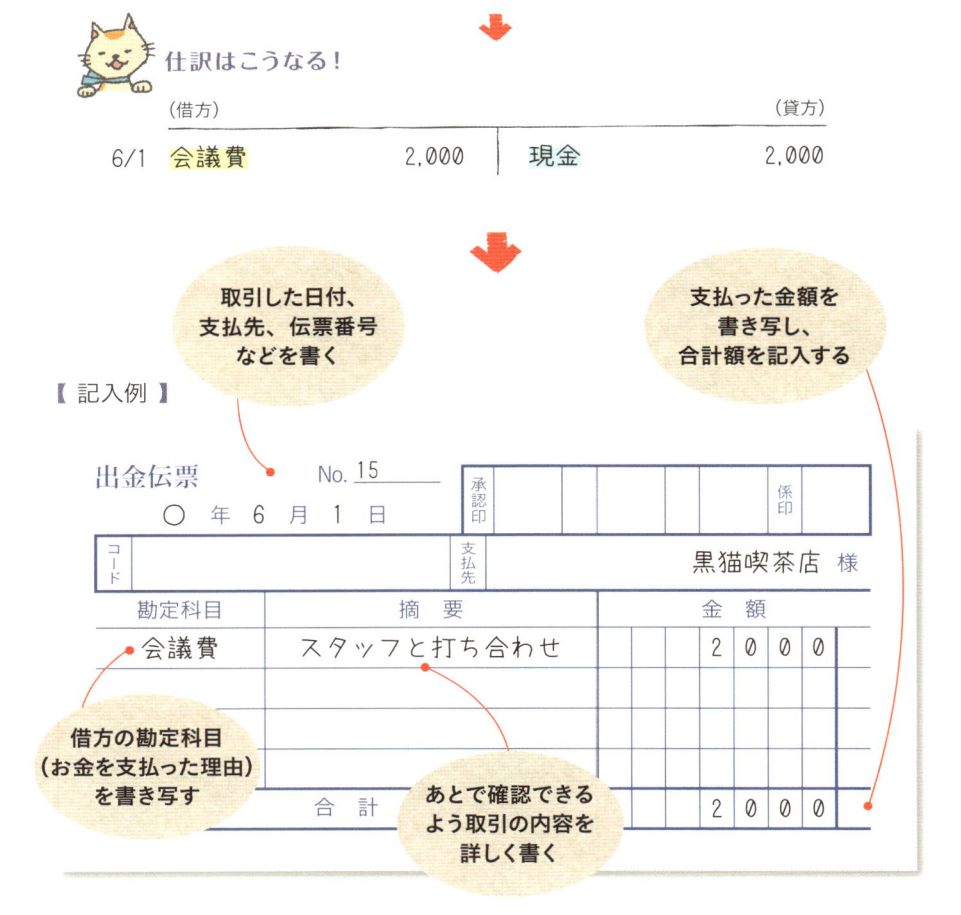

仕訳はこうなる！

	(借方)		(貸方)	
6/1	会議費	2,000	現金	2,000

- 取引した日付、支払先、伝票番号などを書く
- 支払った金額を書き写し、合計額を記入する

【 記入例 】

出金伝票	No. 15	承認印			係印	
○年 6月 1日						
コード		支払先		黒猫喫茶店 様		
勘定科目	摘　要	金　額				
会議費	スタッフと打ち合わせ	2	0	0	0	
	合　計	2	0	0	0	

- 借方の勘定科目（お金を支払った理由）を書き写す
- あとで確認できるよう取引の内容を詳しく書く

伝票の使い方②
現金が入ってきたら「入金伝票」

現金が増加する取引には「入金伝票」を用います。
お金が入ってきた理由を記しましょう。

取引例　6月2日　白猫ホテルに商品5万円（鉢植え10個）を販売し、代金は現金で受け取った

仕訳はこうなる！

	（借方)		（貸方）
6/2	現金　50,000	売上	50,000

【記入例】

- 取引した日付、入金先、伝票番号などを書く
- 入金額を書き写し、合計額を記入する
- 貸方の勘定科目（お金が入ってきた理由）を書き写す
- あとで確認できるよう取引の内容を詳しく書く

入金伝票	No. 21			
○年 6月 2日	承認印		係印	
コード	入金先		白猫ホテル 様	
勘定科目	摘要		金額	
売上	鉢植え10個		50000	
	合計		50000	

PART4 ▶ 日常の手続きはこれでOK 帳簿記入と伝票会計

伝票の使い方③

現金以外の取引には「振替伝票」

現金以外の取引に用いるのは「振替伝票」です。
仕訳と同様に、借方と貸方を記入します

> 現金が出てこない取引では、仕訳した通りに勘定科目と金額を書けばいいんだね

【取引例】 6月7日 三毛うつわ店から商品2万円（花器20個）を仕入れ、代金は掛にした

仕訳はこうなる！

(借方)		(貸方)	
6/7 仕入	20,000	買掛金	20,000

【記入例】

取引した日付、伝票番号などを書く

取引先と内容を書く

振替伝票　No. 16
〇年 6月 7日

金　額	借方科目	摘　要	貸方科目	金　額
20000	仕入	三毛うつわ店(花器20個)	買掛金	20000
20000	合　計			20000

上の仕訳と同じ。勘定科目と金額を書き写す

> 現金と現金以外の取引が混ざっているときは、どの伝票を使うの？

「現金で払った分」と「掛払いの分」を2つの取引に分けてみましょう。こうすれば、どの伝票を使うのかひと目でわかります

取引例 6月3日　花卸NN店から商品13万円（胡蝶蘭24点）を仕入れ、現金3万円を支払い、残りの代金は掛にした

仕訳はこうなる！

（借方）　　　　　　　　　　　　　　　　（貸方）
6/3	仕 入	130,000	現金	30,000
			買掛金	100,000

p129と同じ仕訳

上の仕訳を2つに分けると……

（借方）　　　　　　　　　　　　　　　　（貸方）
6/3	仕 入	30,000	現金	30,000
	仕 入	100,000	買掛金	100,000

現金が出ていくから「出金伝票」

現金以外の取引だから「振替伝票」

【 記入例 】

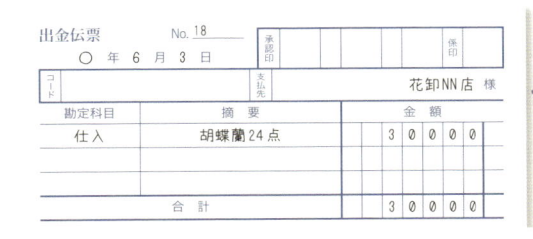

出金伝票 No.18　〇年6月3日
支払先：花卸NN店 様
勘定科目	摘要	金額
仕入	胡蝶蘭24点	30000
	合計	30000

出金伝票　記入方法 ▶p132

振替伝票 No.13　〇年6月3日
金額	借方科目	摘要	貸方科目	金額
100000	仕入	花卸NN店	買掛金	100000
		胡蝶蘭24点 一部現金		
100000		合計		100000

振替伝票

総勘定元帳への転記
仕訳帳から科目ごとに書き写す

日付順に記録した帳簿から、別の帳簿に書き写すことで情報がわかりやすく整理されます

「仕訳帳」（→p128）へ日付順に記録した次は「総勘定元帳」という別の帳簿に書き写します

■ 日付順から科目順に転記。情報がわかりやすくなる

取引を仕訳帳や伝票に記録したら、「総勘定元帳」という帳簿に内容を書き写します（「転記」という）。**総勘定元帳は、勘定科目ごとに相手勘定科目※や金額を記入する帳簿（右参照）**。科目ごとの残高や増減がわかりやすくなります。

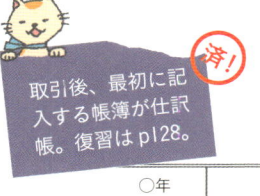

取引後、最初に記入する帳簿が仕訳帳。復習はp128。

仕訳帳

転記すると……

3

○年	摘要		元丁	借方	貸方
A　6/2	（現金）		1	50,000	
B		（売上）	30		50,000
	白猫ホテルへの売り上げ				
C　6/3	（仕入）	諸口	38	130,000	
D		（現金）	1		30,000
E		（買掛金）	11		100,000
	花卸NN店からの仕入れ				

※「相手勘定科目」とは、仕訳（帳）で反対側に書いた勘定科目のこと。【（借方）現金50,000／（貸方）売上50,000】という仕訳なら、「現金」の相手勘定科目は「売上」。「売上」の相手勘定科目は「現金」となる。

【記入例】

総勘定元帳

現金　　1

○年	摘要	仕丁※	借方	○年	摘要	仕丁	貸方
6/2	売上	3	50,000	6/3	仕入	3	30,000

A:「現金」ページの借方に、仕訳帳の相手勘定科目（売上）を記入し、日付と金額を書き写す

D:「現金」ページの貸方に、仕訳帳の相手勘定科目（仕入）を記入し、日付と金額を書き写す

買掛金　　11

○年	摘要	仕丁	借方	○年	摘要	仕丁	貸方
				6/3	仕入	3	100,000

E:「買掛金」ページの貸方に、仕訳帳の相手勘定科目（仕入）を記入し、日付と金額を書き写す

売上　　30

○年	摘要	仕丁	借方	○年	摘要	仕丁	貸方
				6/2	現金	3	50,000

B:「売上」ページの貸方に、仕訳帳の相手勘定科目（現金）を記入し、日付と金額を書き写す

仕入　　38

○年	摘要	仕丁	借方	○年	摘要	仕丁	貸方
6/3	諸口	3	130,000				

C:「仕入」ページの借方に、日付と金額を書き写す。仕訳帳の相手勘定科目が複数あるときは、「諸口」と記入する

※「仕丁」には、転記元である仕訳帳のページ数を書く。

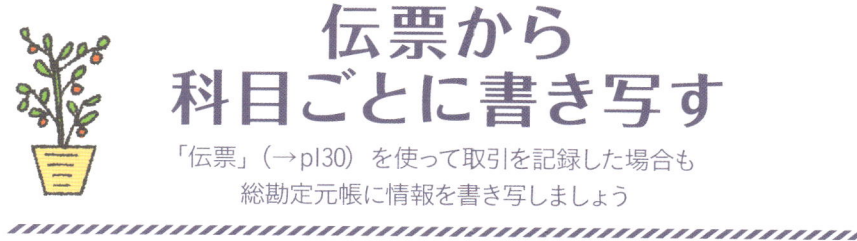

総勘定元帳への転記
伝票から科目ごとに書き写す

「伝票」（→p130）を使って取引を記録した場合も
総勘定元帳に情報を書き写しましょう

> 前ページの仕訳帳の場合と同じく、取引を伝票で記録したときも「総勘定元帳」に転記しましょう

> 【「売上」○○円】という入金伝票なら売上のページに書き写せばいいの？

> そう！　あと、入金伝票は「現金」が増えているから【「現金」○○円】も忘れずに転記します

> わかった！　ということは、「売上」のページと「現金」のページに記入すればいいんだね

■ **伝票の種類をよく見て転記する**

　取引を「伝票」で仕訳したときも、仕訳帳の場合と同じように「総勘定元帳」という別の帳簿に転記します。右の通り、転記のしかたも同じです。

　注意点は1つ。現金が増減したときに使う「入金伝票」と「出金伝票」には、「現金」という勘定科目の記載はありません（現金が増減した理由だけが記入される）。**総勘定元帳に書き写すときは、伝票の種類をよく確認し、「現金」勘定にも忘れずに転記しましょう。**伝票からの転記は、取引のたびに転記（個別転記）する方法と、一定期間分をまとめて転記（合計転記）する方法があり、どちらにするかは会社によって違います。

伝票

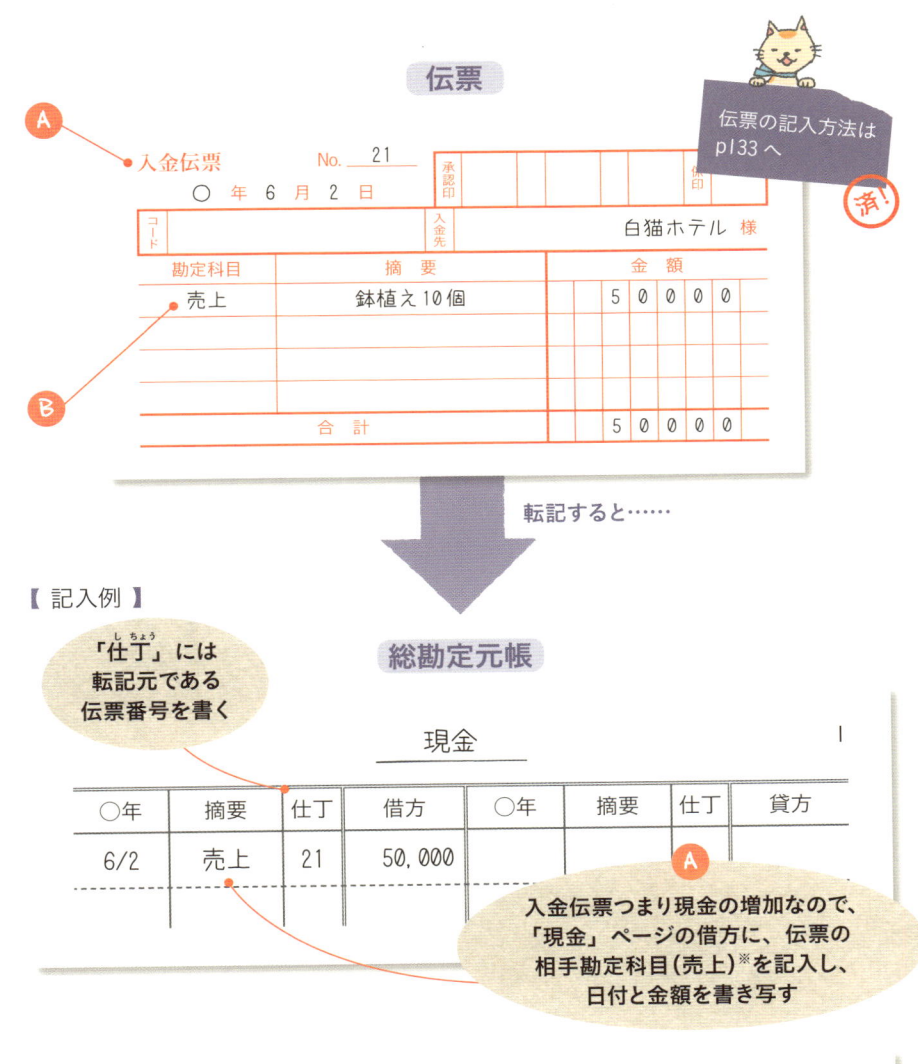

伝票の記入方法はp133へ

A → 入金伝票　No. 21
　　　　　○年 6月 2日　承認印　係印　済!
　　コード　入金先　　　　　　　　　白猫ホテル 様

勘定科目	摘要	金額
売上	鉢植え10個	5 0 0 0 0
合計		5 0 0 0 0

B → 売上

転記すると……

【記入例】

「仕丁」には転記元である伝票番号を書く

総勘定元帳

現金　　　　　　　　　　　　　　　　1

○年	摘要	仕丁	借方	○年	摘要	仕丁	貸方
6/2	売上	21	50,000				

A　入金伝票つまり現金の増加なので、「現金」ページの借方に、伝票の相手勘定科目（売上）※を記入し、日付と金額を書き写す

売上　　　　　　　　　　　　　　　　10

○年	摘要	仕丁	借方	○年	摘要	仕丁	貸方
				6/2	現金	21	50,000

B　「売上」ページの貸方に、伝票の相手勘定科目（現金）※を記入し、日付と金額を書き写す

※上で紹介した取引は【(借方)現金50,000／(貸方)売上50,000】という仕訳。そのため、「現金」の相手勘定科目は「売上」、「売上」の相手勘定科目は「現金」となる。

PART4 ▼ 日常の手続きはこれでOK 帳簿記入と伝票会計

あると便利な帳簿
「補助簿」をつけて取引を詳しく知ろう

取引の中身をより詳しく把握するため
必要に応じて、多様な帳簿がつくられます

> どの仕入先に、いくら買掛金（→p74）が残っているか知る方法はあります？

> 仕訳帳と総勘定元帳だけでは検索が大変！
> そんなときは「仕入先台帳」という補助簿があれば、すぐに調べられます

■主要簿をカバーするさまざまな帳簿

　p126で紹介した簿記の流れを見てもわかるように、取引がうまれたら、仕訳帳や伝票に記録し、それを総勘定元帳に転記します。仕訳帳と総勘定元帳、いわゆる「主要簿」に記録がまとめられるのです。

　けれども、商売の現場では、「商品ごとの在庫はいくらあるか」「仕入先ごとに残っている買掛金はいくらか」など、**もっと詳細な情報が必要になります。そのため、会社の必要に応じて、右に紹介したような帳簿をつくるのです。これらを、主要簿に対して「補助簿」と総称します。**

　会計ソフトを使う場合、必要になる補助簿を事前に指定しておけば、仕訳の入力後、自動で転記・作成されます。

> 「補助簿」という名前の帳簿があるわけではないんですね。「売上帳」や「仕入帳」などをまとめて「補助簿」というのかぁ

いろいろな補助簿

補助記入帳

勘定科目ごとの出入りや状況がつかめる！

現金出納帳
現金の出入りの明細を記録する帳簿。家計簿のようなもの。

当座預金出納帳
当座預金(→p64)の預け入れ、引き出しの明細を記録する。

小口現金出納帳
小口現金※をいつ、何のために使ったのか記録する帳簿。

売上帳
商品の売上明細（相手、受取り方法、商品詳細等）を記録。

仕入帳
商品の仕入明細（相手、支払い方法、商品詳細等）を記録。

受取手形記入帳
受取手形の明細（種類や手形の支払人、満期日等）を記録。

支払手形記入帳
支払手形の明細（手形の受取人や満期日等）を記録。

補助元帳

商品ごとの在庫状況、取引先ごとのやりとりがわかる

商品有高帳
商品の種類ごとに、仕入明細、売上明細、増減や在庫等を記録。

売掛金元帳（得意先台帳）
得意先ごとに売掛金の増減を記録。個別の状況がつかめる。

買掛金元帳（仕入先台帳）
仕入先ごとに買掛金の増減を記録。個別の状況がつかめる。

得意先ごとに記録する売掛金元帳は「得意先台帳」、仕入先ごとに記録する買掛金元帳は「仕入先台帳」とも呼ばれます

※小口現金とは、日常の細かな支払いに備えておく少額の現金のこと。

どの補助簿に記入する？

どんな取引のときに、どの補助簿に記録するのか、把握しておきましょう。仕訳したときのグループ名（勘定科目）に注目すれば、すんなりとわかります。

取引例A 花卸NN店から商品13万円を仕入れ、現金3万円を支払い、残りの代金は掛にした

仕訳はこうなる！

（借方）		（貸方）	
仕 入	130,000	現金	30,000
		買掛金	100,000

「仕入」は「仕入帳」に。仕入れで「商品」が増えたため、「商品有高帳」にも記録します※

ということは「現金」は「現金出納帳」、「買掛金」は「買掛金元帳」に記録するんだね

記入する補助簿はこの4冊

「仕入帳」　　　「商品有高帳」
「現金出納帳」　「買掛金元帳」

※「商品有高帳」は通常、高額な商品を扱う場合に作成されることが多い。

取引例B 得意先の白猫ホテルに商品13万円を販売し、代金8万円を現金で受け取り、残りを手形で受け取った

仕訳はこうなる！

(借方)		(貸方)	
現金	80,000	売上	130,000
受取手形	50,000		

記入する補助簿は？

「現金出納帳」
「受取手形記入帳」

「売上帳」
「商品有高帳」

販売して「商品」が減ったから、「商品有高帳」にも記録だね！

取引例C 花卸NN店への買掛金10万円（**取引例A**参照）を払うのに、白猫ホテルから受け取った5万円の手形（**取引例B**参照）を渡し、残りは小切手を渡した

仕訳はこうなる！

(借方)		(貸方)	
買掛金	100,000	受取手形	50,000
		当座預金	50,000

記入する補助簿は？

「買掛金元帳」

「受取手形記入帳」
「当座預金出納帳」

もともと受け取っていた手形を渡しただけだから「受取手形記入帳」に書きます

支払手形ではないニャ。間違えないで

COLUMN 4
ちょっとしたコツでグッと便利！
計算が速く、楽になる電卓操作

打ちやすい電卓を選びましょう。
電卓の「5」に中指を置いて、タイピングを
練習すればスムーズに打てるようになります

こんな電卓がおすすめ

- 10ケタ、できれば12ケタのもの
- はがき大くらいのサイズ
- 00キーや000キーがある

もっと使いこなしたい便利機能※

●独立メモリーキー

数字を電卓内に記憶させたり、記憶させた数字を呼び出したりできる機能。メモをとらなくても複数の計算ができる。

キー	機能
M+	メモリーに加算する
M−	メモリーから減算する
RM (MR)	メモリー内容を呼び出す
CM (MC)	メモリー内容を消去する

●クリアキー

入力した数字を消すときに使うクリア機能。役割に応じて使い分ければ効率アップに。

キー	機能
C (CE)	直前に入力した数字を消して訂正できる
CA (AC)	電卓内をすべてクリアできる
→ (▶)	下1ケタから順に数字を消して訂正できる

●グランドトータルキー

キー	機能
GT	それまでの計算結果の累計が自動で記憶され、GTを押すと表示される

※メーカーによって表示名や機能は少し異なります。手持ちの電卓の説明書を確認してください。

PART **5**

年に一度の総まとめ
決算の手続き

> 簿記のゴールは決算書！
> PART5では、決算時に行う手続きから決算書の作成まで、流れを理解できるように説明します

決算期は本当に忙しいの!?

ごめん！
決算前で忙しいから
しばらく会えない！

ほんとわるい！
決算終わって
からでもいい？

みんな決算、決算て…
そんなにボクに
会いたくないのかなぁ…

ため息なんかついて
どうしたの？

決算決算ケッサン！
みんな決算のせいで
忙しいんですって！

1年間の記録を合計して
報告書を出せばいいだけですよね？

会計ソフトが自動で
計算してくれるじゃないですか

あまーい

そんな簡単ではないんですよ

たとえば…
企業はずっと続くものとして
活動しているわよね

PART5 ▶ 年に一度の総まとめ 決算の手続き

それを会計期間（1年間）の分だけ区切ってまとめるのが決算

正確な1年間の分を計算するために、いろいろと調整しなくちゃいけないのよ

2014　2015　2016

ここで仕入れて ここで支払いした場合は？

ここで請求して ここで入金がある場合は

ほかにも、財産の帳簿価値を決算時点の正しい価格に直したり

決算バーゲンとかは、決算前に売り上げを上げたい、在庫を減らしたい！などの理由からなの

買い物してきちゃった♪

経理じゃなくても、報告書（決算書）をよりよいものにする（売り上げを上げる）ためにノルマがきつくなったり

もっと売らねば

1年の記録 → 集計＆チェック → 修正 → また集計＆チェック → まとめ → 報告書

ここが決算!!

そりゃ忙しい

それじゃあ決算の流れを見ていきましょうね！

決算業務はこれだけ！
決算書をつくり1年の記録をまとめる

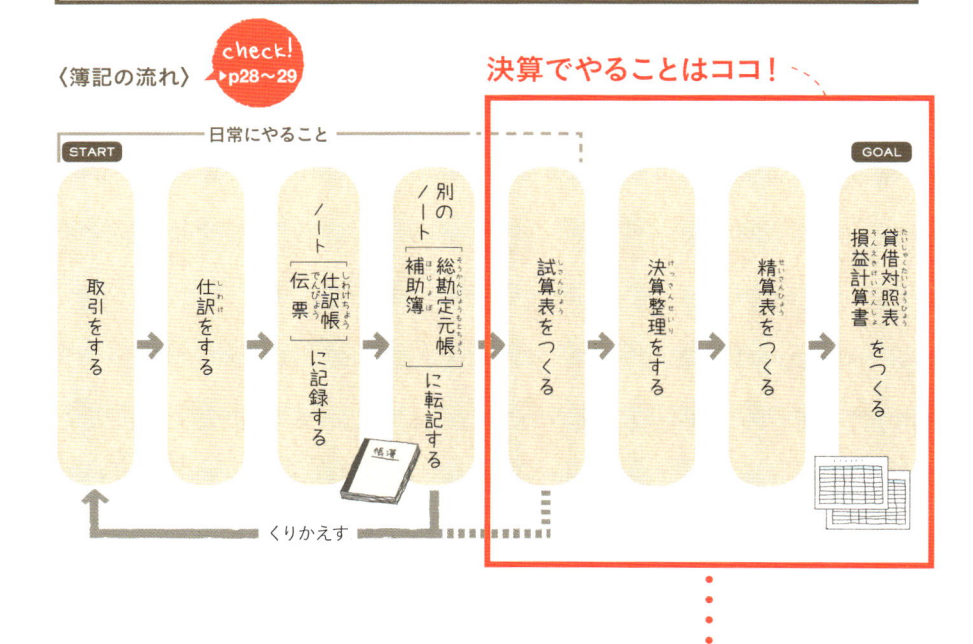

〈簿記の流れ〉 check! ▶p28〜29

日常にやること

決算でやることはココ！

START → 取引をする → 仕訳をする → ノート［仕訳帳］［伝票］に記録する → 別のノート［総勘定元帳］［補助簿］に転記する → 試算表をつくる → 決算整理をする → 精算表をつくる → 貸借対照表・損益計算書をつくる GOAL

くりかえす

「試算表」で転記や計算ミスがないかチェック check! ▶p150

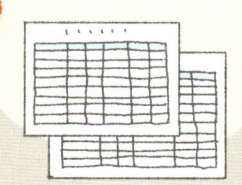

決算にあたりいくつかの修正をする check! ▶p152〜165

下がった資産価値を反映する など

決算書をまとめる時期が近づくと、決算にむけた手続きが動き出します。

途切れずに会社の経済活動が続く一方で、決算書には会計期間の分だけの正確なもうけと決算時の正確な財産を記録しなくてはなりません。そのため、**お金やモノの記録をいろいろと整理したり、計算ミスや記載モレがないよう徹底的にチェックします。**それを乗り越えて、ようやく決算書が完成します。

決算にむけて整理すること

正確な決算書をつくるため、主に下のような処理（決算整理）を行います。

正しいもうけを計算するために、実際に売り上げた商品にかかった費用を計算する。
➡ **売上原価を計算する** (p152)

原因不明のまま決算を迎えた「現金過不足（帳簿の現金額と実際の現金が合わない）」の処理。
➡ **現金過不足を調整する** (p159)

将来回収される予定のお金が取引先の倒産などで戻ってこない場合に備える処理。
➡ **貸倒引当金を設定する** (p154)

お金のやりとりが年度をまたぐ場合、当期分に入れるものと入れないものを振り分ける。
➡ **年度をまたぐお金を調整する** (p160)

時間とともに価値の下がる固定資産を、決算時点での価値に下げる処理。
➡ **減価償却費を計上する** (p156)

「消耗品費」で処理したものの使わずあまった分を、次期への「資産」に振り替える。
➡ **貯蔵品を計上する** (p165)

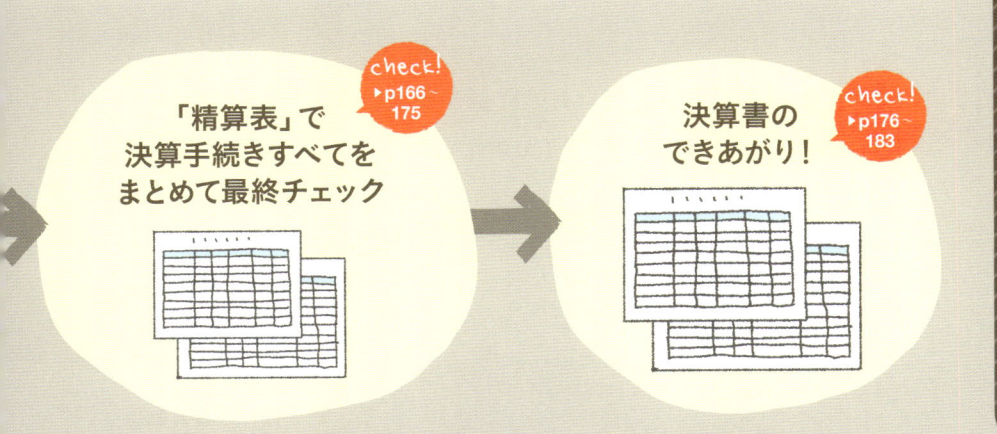

「精算表」で決算手続きすべてをまとめて最終チェック
check! ▶p166〜175

➡

決算書のできあがり！
check! ▶p176〜183

PART5 ▶ 年に一度の総まとめ 決算の手続き

試算表の作成
一覧表をつくり ミスやモレをチェック

決算手続きは、これまでの記録を一覧表にまとめて
チェックすることからはじまります

決算の手はじめに「試算表」を作成します。「総勘定元帳」（→p136）の各勘定科目の期間合計や残高を一覧表にし、ミスがないか確認します。まずは「現金」の科目で見てみましょう

取引を勘定科目ごとに記録した帳簿（→p136）。ここでは簡単に勘定科目と金額だけ記すニャ

総勘定元帳

現金

(借方) （貸方）

4/1 売上	50,000	4/2 仕入	210,000
4/2 売上	175,000	4/2 旅費交通費	540
4/2 売掛金	2,370	4/3 水道光熱費	4,650

(省略)

❶ 合計 4,100,000　　❶ 合計 3,700,000

❷ 差額は400,000円
（借方残高が400,000円）

現金過不足

当座預金

売掛金

❶貸方と借方の合計をそれぞれ出す。

❷貸方と借方の差額を出す（これが「残高」）。

すべての勘定科目で❶、❷を行い「合計金額」と「残高」を転記する

> 1年間の取引をまとめた表

合計残高試算表

> 借方と貸方の差額（❷）。残高がある側に記入。

> 各勘定科目の合計金額（❶）を記入。

借方		勘定科目	貸方	
残高	合計		合計	残高
400,000	4,100,000	現金	3,700,000	
	10,000	現金過不足	15,000	5,000
2,000,000	2,000,000	当座預金		
250,000	1,000,000	売掛金	750,000	
20,000	20,000	繰越商品		
1,000,000	1,000,000	車両運搬具		
	870,000	買掛金	1,070,000	200,000
	800,000	短期借入金	1,600,000	800,000
		預り金	20,000	20,000
		資本金	1,500,000	1,500,000
	25,000	売上	7,300,000	7,275,000
4,000,000	4,000,000	仕入		
2,000,000	2,000,000	給料手当		
50,000	50,000	旅費交通費		
50,000	50,000	水道光熱費		
30,000	30,000	支払保険料		
9,800,000	15,955,000	合計	15,955,000	9,800,000

左と右の合計は一致

左（借方）の残高欄や合計欄の合計金額と、右（貸方）の残高欄や合計欄の合計金額はかならず一致。等しくないならミスやモレが考えられる。

合計額が一致したら次はいよいよ決算整理に入るわよ

決算整理①
売れ残りをチェック!「売上原価（うりあげげんか）」を計算する

決算では、実際に売れた商品にかかった費用を「売上原価」として報告します

> いよいよ決算整理。まず「売上原価」を計算しましょう。売れ残り、つまり**在庫を正確に数えて次期に繰り越すことで「売上原価」が計算できます**

■「実際に売れた分」から「売上原価」を出す

売上原価は、当期に売れた分の仕入れにかかった費用だけを指すため、売れ残った分は除外する必要があります。一方、前期の在庫を当期で販売したら、それは売上原価に含めます。決算では、こうした振り替え仕訳を行います。

売上原価の計算方法

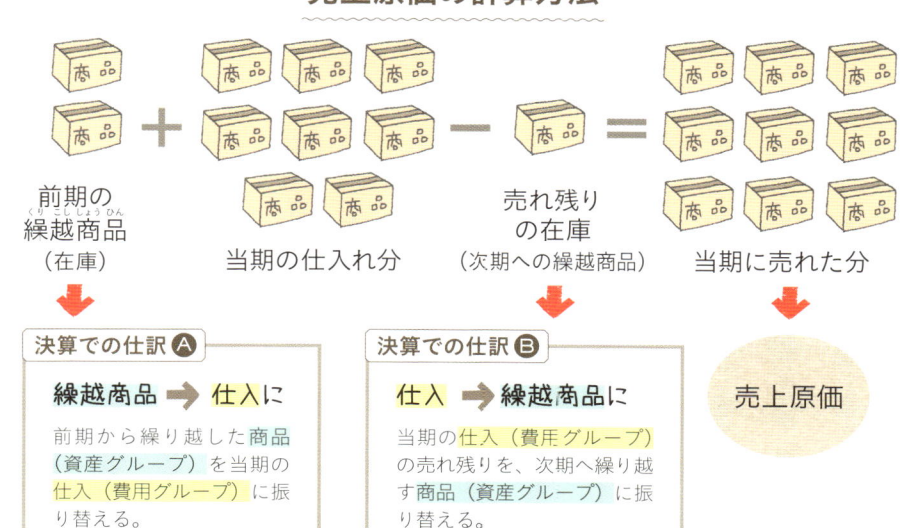

前期の繰越商品（くりこししょうひん）（在庫） ＋ 当期の仕入れ分 － 売れ残りの在庫（次期への繰越商品） ＝ 当期に売れた分

決算での仕訳 A

繰越商品 ➡ 仕入に

前期から繰り越した商品（資産グループ）を当期の仕入（費用グループ）に振り替える。

決算での仕訳 B

仕入 ➡ 繰越商品に

当期の仕入（費用グループ）の売れ残りを、次期へ繰り越す商品（資産グループ）に振り替える。

売上原価

決算整理の仕訳はこうなる！

例 前期の繰越商品が2万円、当期の仕入は400万円だった。決算で確認すると在庫は1万円。売上原価を計算する

仕訳 Ⓐ 前期の繰越商品を仕入に振り替える

仕入 2万円（増加させる）← 使ったから → 前期の繰越商品 2万円（減少させる）

費用の発生は左（借方） ／ 資産の減少は右（貸方）

仕訳のルールを復習 study! ▶p41

仕入	20,000	繰越商品	20,000

仕訳 Ⓑ 在庫（仕入の残り）を次期への繰越商品に振り替える

次期への繰越商品 1万円（増加させる）← 使わなかったから → 当期の仕入 1万円（取り消す）

資産の増加は左（借方） ／ 費用の取り消しは右（貸方）

仕訳のルールを復習 study! ▶p41

繰越商品	10,000	仕入	10,000

売上原価は？

前期の繰越商品 20,000 ＋ 当期の仕入 4,000,000 － 次期への繰越商品 10,000 ＝ 売上原価 **4,010,000円**

---

one point

在庫は正確に数える

決算などで、在庫の種類や数量を数えたり価値を調査したりすることを「棚卸し」といいます。

棚卸しが不正確だと、正しい売上原価を計算できず、利益にも影響が出ます。慎重に行いましょう。

決算整理②

お金が返ってこないかも!?
「貸倒引当金」を用意する

次期以降に、取引先の倒産等で
お金を回収できなくなる場合に備えます

> 次は「貸倒引当金」ですね。すごい名前！
> 意味はよくわからないけど……

> ツケなどが回収できないことを「貸倒れ」といいます。
> そんなときのために、決算で準備をする話ですよ

入金予定は"絶対"ではない

取引先が倒産したらお金が回収できない！

倒産!!
得意先

■あらかじめ「資産」を減らす

　もし取引相手が倒産したら、「売掛金」（→p76）や「受取手形」（→p78）など将来受け取る予定だったお金がパーになってしまいます。これが「貸倒れ」。

　そうなったときに慌てないよう、**決算時に「売掛金の○％は回収できないものだ」と見積もっておくことで備えるのです**。見積額は「貸倒引当金」（資産グループ）という科目名で、右のように仕訳します。

決算整理の仕訳はこうなる！

例 決算にあたり、売掛金25万円に対して2％の貸倒れを見積もることにする

ヒント
25万円×2％(0.02)＝5000円が見積もった貸倒れ金額となる。貸倒引当金として資産を減らした分は「貸倒引当金繰入」（費用グループ）に振り替える。

減らした分の資産5000円を費用に計上する
貸倒引当金繰入
（費用グループ）
5000円

発生させる

5000円の貸倒れを見越して資産を減らす
「貸倒引当金」
（資産グループ）
5000円

減少させる

← 費用の発生は左
（借方）

仕訳のルールを復習
study! ▶p41

資産の減少は右 →
（貸方）

| 貸倒引当金繰入 5,000 | 貸倒引当金 5,000 |

実際は貸倒引当金を用意しない会社も少なくありません

one point

「貸倒引当金」のちょっとむずかしい話

「貸倒引当金」をいくら（何パーセント）準備するかは、それぞれの会社によって異なります。
ただ、「貸倒引当金」を多めに計上すると費用が増え、その分利益が減ってしまいます（会社がおさめる法人税が少なくなるといえます）。そのため、法人税法上では、「貸倒引当金」に計上できる限度額が設けられているのです。

決算整理③

資産の価値を見直して「減価償却費(げんかしょうきゃくひ)」を計算する

車などの固定資産の価値は、時が経過するにつれ下がります。減少した価値を帳簿に反映しましょう

■下がった資産価値を帳簿に反映する

買った瞬間は購入金額と等しい価値だったピカピカの新車も、1年、2年…と乗るうち、あちこち消耗。それにつれて、資産価値が下がっていきます。しかし、車は「車両運搬具」などの資産グループで記録されているため、そのままでは購入時の帳簿価額のまま。そこで、**「減価償却費」（費用グループ）**という勘定科目をつくり、価値の減少分を計上するのです。

固定資産を買ったとき、売ったときの仕訳はPART3で勉強したね

check! ▶p98〜102

減価償却のしくみ

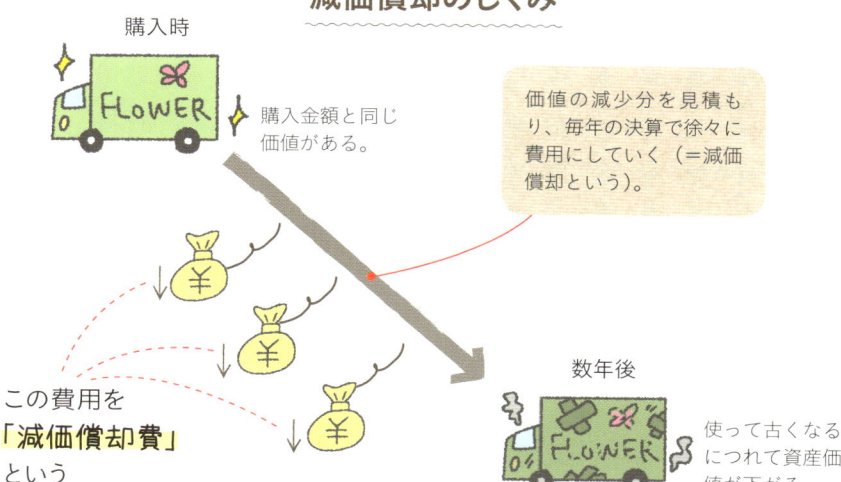

購入時 → 購入金額と同じ価値がある。

価値の減少分を見積もり、毎年の決算で徐々に費用にしていく（＝減価償却という）。

この費用を「減価償却費」という

数年後 → 使って古くなるにつれて資産価値が下がる。

減価償却費の計算方法は？

減価償却費は、その固定資産の「取得価額」「耐用年数（償却する期間）」をもとに計算します。償却期間中に毎年同じ金額を費用に振り替える計算方法を「定額法」といい、ほかに「定率法」という方法も。

> ここでは「定額法」という計算方法を紹介します

$$1年間の減価償却費 = \frac{取得価額}{耐用年数}$$

耐用年数って？
固定資産ごとに、何年間使用に耐えられるか設定した年数。法人税法で定められた法定耐用年数のほか、企業が独自に定めていることもある。

例 営業用の軽自動車を減価償却する

$$\frac{購入価額\ 100万円}{耐用年数\ 4年} = 1年間の減価償却費\ 25万円$$

購入から4年間は、毎年決算時に25万円ずつ「減価償却費」という費用を計上する

> なるほど〜。あとは「減価償却費」を記入するだけですね

> そうね。じつは減価償却費の記入方法は2種類あるんです

減価償却費の記入方法

① 直接法
固定資産の帳簿価額を直接下げる。

② 間接法
固定資産の帳簿価額はそのまま。資産のマイナスを表す勘定科目（「減価償却累計額」）を別に設けて、減価償却費を積み立てる。

> 次のページで詳しく見てみるニャ

PART5 ▼ 年に一度の総まとめ 決算の手続き

\決算整理の/
仕訳はこうなる！

例 決算にあたり、年度初めに購入した車を定額法で減価償却する。ここでは取得価額100万円、耐用年数は4年とする

$$減価償却費 = \frac{100万円}{4年} = 25万円$$

❶ 直接法

車の帳簿価額を直接減らす

「減価償却費」
（費用グループ）25万円の
発生は左に記入する

「車両運搬具」
（資産グループ）25万円の
減少は右に記入する

仕訳のルールを復習 study! ▶p41

（借方）　　　　　　　　　　　　　　　　　　　　　（貸方）

| 減価償却費 | 250,000 | 車両運搬具 | 250,000 |

決算書では……
車両運搬具の金額は
100－25＝75万円となる

❷ 間接法

車の帳簿価額はそのまま。
「減価償却累計額」を計上する

「減価償却費」
（費用グループ）25万円の
発生は左に記入する

「減価償却累計額」
（資産グループ）25万円を
右に記入する

仕訳のルールを復習 study! ▶p41

（借方）　　　　　　　　　　　　　　　　　　　　　（貸方）

| 減価償却費 | 250,000 | 減価償却累計額 | 250,000 |

決算書では……
車両運搬具の金額は100万円のまま、
［減価償却累計額　△25万円※］として
償却額が一緒に記載される

決算書（貸借対照表）にまとめたとき、"間接法"では購入価額がひと目でわかる。

※数字の前に三角形をつけることでマイナスを示す。

決算整理④
原因がわからないままの現金の過不足を処理する

決算になるまで原因がわからなかった「現金過不足(げんきんかぶそく)」は決算整理で区切りをつけます

check! ▶p62

現金の帳簿残高と実際にある金額が合わないとき、「現金過不足」で一時的に処理しましたね。
決算になっても原因不明のときは次のようにします

\決算整理の/ 仕訳はこうなる!

例 決算を迎えたが、現金過不足（実際の現金が、帳簿残高より5000円多い）の原因がわからないままのため、「雑収入(ざつしゅうにゅう)」（収益グループ）で処理する

現金過不足があったときの仕訳

現金（資産グループ）の増加は左に記入する　　　　　　　　現金が多いときは「現金過不足」を右に記入する

仕訳のルールを復習 study! ▶p41

（借方）		（貸方）	
現金	5,000	現金過不足	5,000

原因不明で決算を迎えたとき

「現金過不足」を相殺するため、借方に記入する　　　　　「雑収入」（収益グループ）が増えたと考えて右に記入する

仕訳のルールを復習 study! ▶p41

（借方）		（貸方）	
現金過不足	5,000	雑収入	5,000

PART5 ▶ 年に一度の総まとめ 決算の手続き

決算整理⑤
年度をまたぐお金は当期と次期に分ける

年度をまたいでお金や商品のやりとりがある場合は
当期の決算に入れるものと入れないものを振り分けます

> もし決算後半年分の家賃を前払いしていたら
> いつの「費用」と考えるのが適切でしょうか？

> もう支払ったから、今年度の費用？
> でも、本当は来期分の費用ですよねぇ

■ **会計期間の分だけを、決算の報告書にまとめる**

家賃や保険料などは1年分や数年分をまとめて払う場合があります。しかし、決算の報告書には、会計期間にかかった分だけを反映しないと不正確。そのため決算整理で、<u>前払いした（された）分の費用や収益を次期に繰り延べたり、当期に受け取る（支払う）はずの収益や費用を見積もって、区別するのです。</u>

期間をまたぐお金4パターン

次期の分まで

すでに払った	すでに受け取った
↓	↓
パターン1	パターン2
費用の繰り延べ	収益の繰り延べ
(→p161)	(→p162)

当期の分を

まだ受け取っていない	まだ払っていない
↓	↓
パターン3	パターン4
収益の見越し※	費用の見越し※
(→p163)	(→p164)

※すでに収益や費用が発生しているのにまだ受け取りや支払いをしていない、つまり未計上の取引を見積もって仕訳することを「見越し」という。

パターン1 次期の分を前払いした 〜費用の繰り延べ〜

家賃や駐車場代、保険料などを次期の分までまとめて支払った場合、次期の分は当期の「費用」にはあてはまらない。そこで、前払いした分を費用から差し引いて次期以降に繰り延べます（「費用の繰り延べ」という）。

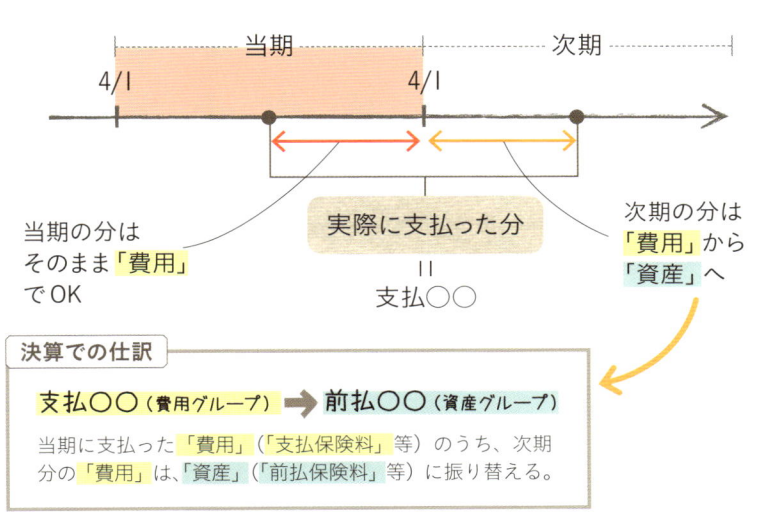

当期の分はそのまま「費用」でOK

実際に支払った分＝支払○○

次期の分は「費用」から「資産」へ

決算での仕訳

支払○○（費用グループ） ➡ 前払○○（資産グループ）

当期に支払った「費用」（「支払保険料」等）のうち、次期分の「費用」は、「資産」（「前払保険料」等）に振り替える。

決算整理の仕訳はこうなる！

例 4月1日に1年半分の保険料3万円をまとめて支払った。そのうち1万円は次期分なので、前払費用に振り替える

「前払費用」（資産グループ）
1万円の増加は左に記入する

「支払保険料」（費用グループ）
1万円の取り消しは右に記入する

仕訳のルールを復習 study! ▶p41

（借方）		（貸方）	
前払費用	10,000	支払保険料	10,000

PART5 ▼ 年に一度の総まとめ 決算の手続き

パターン2 次期の分をすでに受け取った 〜収益の繰り延べ〜

費用の繰り延べ（→p161）と考え方は同じ。家賃や手数料を受け取る側でも、次期の分までまとめて受け取った場合、次期の分は当期の「収益」に含めません。次期分の収益は差し引いて、「負債」に振り替えます。

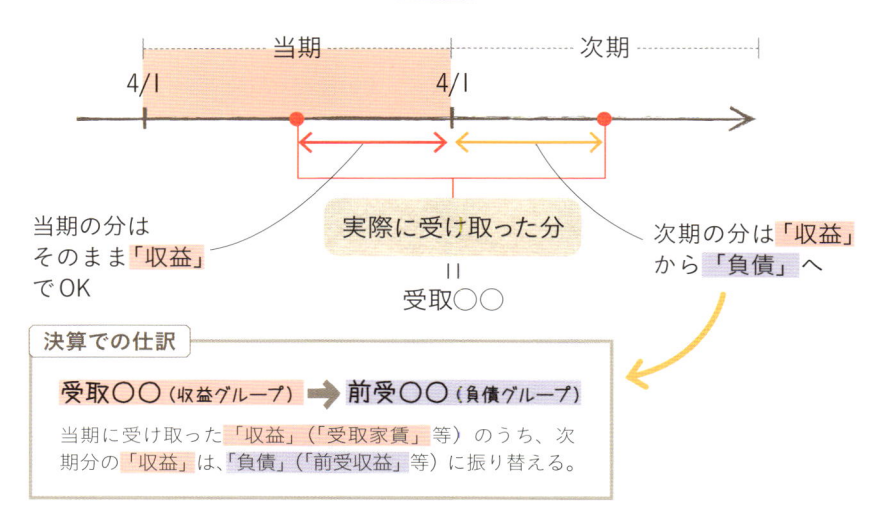

当期の分はそのまま「収益」でOK

実際に受け取った分
＝
受取○○

次期の分は「収益」から「負債」へ

決算での仕訳

受取○○（収益グループ） ➡ 前受○○（負債グループ）

当期に受け取った「収益」（「受取家賃」等）のうち、次期分の「収益」は、「負債」（「前受収益」等）に振り替える。

決算整理の仕訳はこうなる！

例 3月1日に2ヵ月分の家賃14万円をまとめて受け取った。そのうち1ヵ月分7万円は次期分なので、前受収益に振り替える

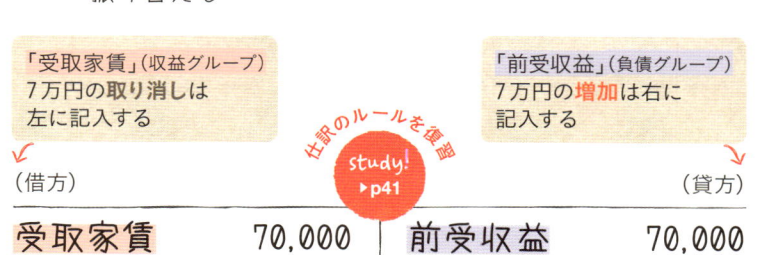

「受取家賃」（収益グループ）
7万円の**取り消し**は左に記入する

「前受収益」（負債グループ）
7万円の**増加**は右に記入する

仕訳のルールを復習 study! ▶p41

（借方）		（貸方）
受取家賃　　70,000		前受収益　　70,000

パターン3 当期の分をまだ受け取っていない 〜収益の見越し〜

パターン2と反対に、当期の家賃等を次期にまとめて受け取ることもあります。このように、当期に発生している「収益」をまだ受け取っていない場合、決算整理で当期分の収益を見越し、受け取ったものとして記録します。

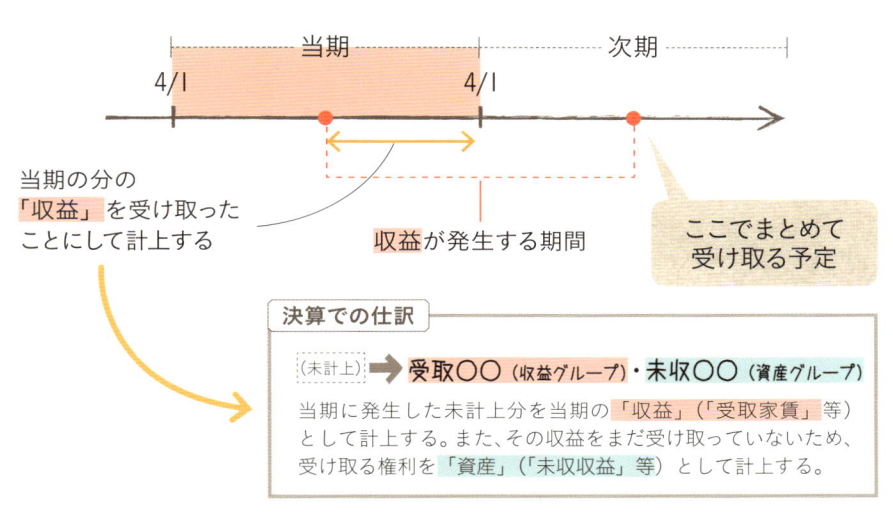

```
|―――――――当期―――――――|―――――次期―――――|
4/1                    4/1
```

当期の分の「収益」を受け取ったことにして計上する

収益が発生する期間

ここでまとめて受け取る予定

決算での仕訳

(未計上) ➡ 受取○○（収益グループ）・未収○○（資産グループ）

当期に発生した未計上分を当期の「収益」（「受取家賃」等）として計上する。また、その収益をまだ受け取っていないため、受け取る権利を「資産」（「未収収益」等）として計上する。

決算整理の仕訳はこうなる！

例 毎月の家賃を翌月10日に受け取ることになっている。4月10日（次期）に受け取る予定の3月分（当期）の家賃10万円を見越して、未収収益を計上する

「未収収益」（資産グループ）
10万円の**増加**は
左に記入する

「受取家賃」（収益グループ）
10万円の**発生**は
右に記入する

仕訳のルールを復習 study! ▶p41

(借方)		(貸方)	
未収収益	100,000	受取家賃	100,000

パターン4　当期の分をまだ払っていない　〜費用の見越し〜

水道代や電気代などは、今月の使用分は翌月以降に支払いますね。このように、すでに当期で発生している「費用」をまだ支払っていない場合、決算整理で当期の費用分を見越し、支払ったものとして記録します。

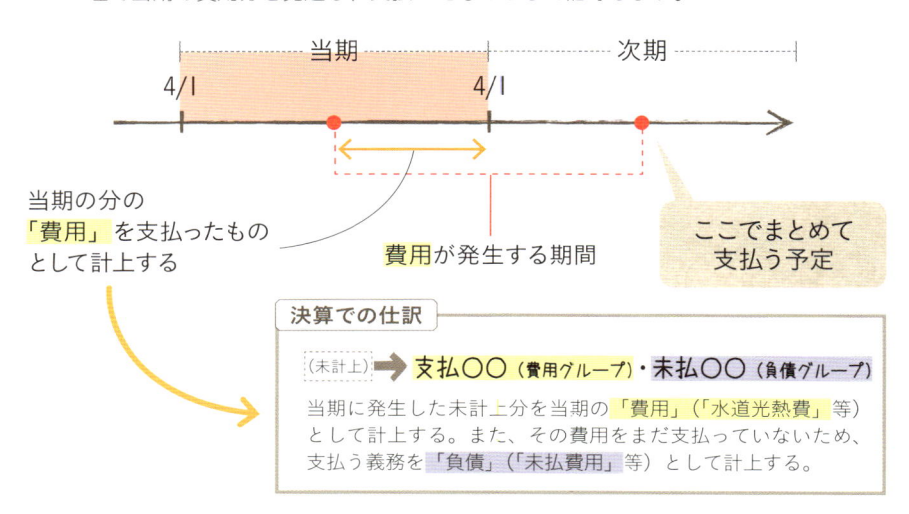

```
        ┌──── 当期 ────┐ ┌──── 次期 ────┐
       4/1           4/1
```

費用が発生する期間

ここでまとめて支払う予定

当期の分の「費用」を支払ったものとして計上する

決算での仕訳

（未計上）➡ 支払○○（費用グループ）・未払○○（負債グループ）

当期に発生した未計上分を当期の「費用」（「水道光熱費」等）として計上する。また、その費用をまだ支払っていないため、支払う義務を「負債」（「未払費用」等）として計上する。

決算整理の仕訳はこうなる！

例　水道光熱費は翌々月払いのため、
当期の費用2ヵ月分は次期に支払うことになる。
当期2ヵ月分10万円を見越して、未払費用を計上する

「水道光熱費」（費用グループ）
10万円の**発生**は
左に記入する

「未払費用」（負債グループ）
10万円の**増加**は
右に記入する

仕訳のルールを復習　study! ▶p41

（借方）　　　　　　　　　　　　　　　　　（貸方）

| 水道光熱費 | 100,000 | 未払費用 | 100,000 |

決算整理⑥
未使用の消耗品と使った分を区別する

使った分の消耗品は「費用」ですが
使わずに余った分は次期への「資産」になります

PART5 ▶ 年に一度の総まとめ 決算の手続き

check! ▶p96
購入時に「**消耗品費**」（**費用グループ**）で記録した場合の未使用分の決算整理を見てみましょう

ヒント
資産に振り替える未使用分は「**貯蔵品**」（資産グループ）で処理する。

\決算整理の/
仕訳はこうなる！

例　期中に、包装資材8万円を現金で購入した。決算にあたり、未使用分5万円を費用から資産に振り替える

消耗品を購入したときの仕訳

消耗品費（費用グループ）8万円
の発生は左に記入する

現金（資産グループ）8万円の
減少は右に記入する

仕訳のルールを復習 study! ▶p41

（借方）		（貸方）	
消耗品費	80,000	現金	80,000

決算で、未使用分を資産に振り替える仕訳

貯蔵品（資産グループ）5万円の
増加は左に記入する

消耗品費（費用グループ）5万円
の取り消しは右に記入する

仕訳のルールを復習 study! ▶p41

（借方）		（貸方）	
貯蔵品	50,000	消耗品費	50,000

精算表の作成
試算表と決算整理を1つにまとめる

決算作業を1つにまとめた表を「精算表」といいます。
決算全体を確認でき、決算書類の作成までスムーズです

いよいよ、決算の手続きを総まとめする「精算表」をつくりましょう

決算の手続きで最初に作成した「試算表」も取引のまとめでしたよね？ 何が違うんですか？

「試算表」は決算の手続きをする最初の段階での一覧表でしたね。それに対し**「精算表」は、決算の手続きのすべてをまとめ、決算書作成までの流れをまとめた表**なのです

決算の手続きをまとめた表

試算表 + **決算整理** → **決算報告書**

- 試算表：転記や計算ミスがないか確認するための一覧表。p150をチェック！
- 決算整理：正確な数字を算出するため、決算時に必要な処理。p152～165をチェック！
- 決算報告書：決算報告書である「損益計算書」と「貸借対照表」の完成

精算表

試算表に決算整理を加味して、決算報告書が作成される過程をひとまとめにした表。

一般的な精算表のしくみ

精算表

- 「試算表」の数字（ここでは残高）を記入する。
- 決算時に処理した決算整理の仕訳を記入する。
- 費用グループの金額は借方、収益グループの金額は貸方に記入する。※

勘定科目	残高試算表		整理記入		損益計算書		貸借対照表	
	借方	貸方	借方	貸方	借方	貸方	借方	貸方

- 資産グループの金額は借方、負債グループ、純資産グループの金額は貸方に記入する。※
- 資産、負債、純資産、収益、費用グループの各勘定科目、決算整理で新たに出た勘定科目の順に記入する。
- 「左から右へ」順に記入して表を完成させていく。

欄が多いから記入場所を間違えないよう気をつけましょう

それではSTEP❶を見てみるニャ

※各グループの記入位置は、金額がマイナスなら左右（借方、貸方）が逆になる。仕訳のルールを参照（→p41）。

STEP 1 試算表の各残高を「残高試算表欄」に転記する

それでは下のような「試算表」をもとに、「精算表」をつくってみましょう。
まずは、**試算表の勘定科目と残高欄の数字を転記していきます**

こんな試算表だったら……

決算の手続きで、最初につくった一覧表。復習はp151へ

合計残高試算表

残高欄を転記する

借方		勘定科目	貸方	
残高	合計		合計	残高
400,000	4,100,000	現金	3,700,000	
	10,000	現金過不足	15,000	5,000
2,000,000	2,000,000	当座預金		
250,000	1,000,000	売掛金	750,000	
20,000	20,000	繰越商品		
1,000,000	1,000,000	車両運搬具		
	870,000	買掛金	1,070,000	200,000
	800,000	短期借入金	1,600,000	800,000
		預り金	20,000	20,000
		資本金	1,500,000	1,500,000
	25,000	売上	7,300,000	7,275,000
4,000,000	4,000,000	仕入		
2,000,000	2,000,000	給料手当		
50,000	50,000	旅費交通費		
50,000	50,000	水道光熱費		
30,000	30,000	支払保険料		
9,800,000	15,955,000	合計	15,955,000	9,800,000

精算表

試算表の勘定科目を書き写す

試算表の残高欄の金額を書き写す

STEP ❶

勘定科目	残高試算表		整理記入		損益計算書		貸借対照
	借方	貸方	借方	貸方	借方	貸方	借方
現金	400,000						
現金過不足		5,000					
当座預金	2,000,000						
売掛金	250,000						
繰越商品	20,000						
車両運搬具	1,000,000						
買掛金		200,000					
短期借入金		800,000					
預り金		20,000					
資本金		1,500,000					
売上		7,275,000					
仕入	4,000,000						
給料手当	2,000,000						
旅費交通費	50,000						
水道光熱費	50,000						
支払保険料	30,000						
	9,800,000	9,800,000					

資産／負債／純資産／収益／費用

借方残高は借方に、貸方残高は貸方に間違えないよう記入します

合計線
線より上の金額を合計したものが、線の下にある金額。

締切線
二重線を引いて記入が「ここで終わり」だと示す。

借方、貸方の合計を転記する

次はSTEP ❷だね

STEP ❷ 決算整理の仕訳を「整理記入欄」に転記する

次は決算で整理した仕訳を反映します。
下の仕訳をもとに**勘定科目と金額を転記しましょう**

決算整理の復習は
p152〜165へ

こんな決算整理をしたら……

Ⓐ 売上原価を計算する

(借方)		(貸方)	
仕入	20,000	繰越商品	20,000
繰越商品	10,000	仕入	10,000

check! ▶p152

Ⓑ 貸倒引当金を設定する

(借方)		(貸方)	
貸倒引当金繰入	5,000	貸倒引当金	5,000

check! ▶p154

Ⓒ 減価償却費を計上する

(借方)		(貸方)	
減価償却費	250,000	車両運搬具	250,000

check! ▶p156

Ⓓ 現金過不足を調整する

(借方)		(貸方)	
現金過不足	5,000	雑収入	5,000

check! ▶p159

Ⓔ 費用の繰り延べ

(借方)		(貸方)	
前払費用	10,000	支払保険料	10,000

check! ▶p160

精算表

STEP ❶ 残高試算表　**STEP ❷** 整理記入（決算整理の仕訳を書き写す）

勘定科目	残高試算表 借方	残高試算表 貸方	整理記入 借方	整理記入 貸方	損益計算書 借方	損益計算書 貸方	貸借対照表 借方	貸借対照表 貸方
現金	400,000							
現金過不足		5,000	❹ 5,000					
当座預金	2,000,000							
売掛金	250,000							
繰越商品	20,000		❹ 10,000	❹ 20,000				
車両運搬具	1,000,000			❻ 250,000				
買掛金		200,000						
短期借入金		800,000						
預り金		20,000						
資本金		1,500,000						
売上		7,275,000						
仕入	4,000,000		❹ 20,000	❹ 10,000				
給料手当	2,000,000							
旅費交通費	50,000							
水道光熱費	50,000							
支払保険料	30,000			❺ 10,000				
	9,800,000	9,800,000						
貸倒引当金				❷ 5,000				
貸倒引当金繰入			❷ 5,000					
減価償却費			❻ 250,000					
前払費用			❺ 10,000					
雑収入				❹ 5,000				
（合計）			300,000	300,000				

決算整理で新たに出てきた勘定科目は下に書き加える

借方、貸方、それぞれの合計金額は一致する

決算整理の仕訳をそれぞれの勘定科目の整理記入欄にそのまま書き写すだけだね！

合計額が合わないときは記入欄が正しいか見直しましょう

次は STEP ❸ だニャ

STEP ❸ 左から右へ計算して、記入する

「残高試算表欄」「整理記入欄」を記入したら、それらをもとに「損益計算書欄」「貸借対照表欄」を埋めていきます。下の3つのルールに沿って記入しましょう

ルール1　「資産、負債、純資産」グループは「貸借対照表欄」に、「収益、費用」グループは「損益計算書欄」に金額を記入する

ルール2　「整理記入欄」が空欄の場合
「残高試算表欄」の金額をそのまま同じ側に書き写す

ルール3　「整理記入欄」に記入がある場合
「残高試算表欄」の金額に「整理記入欄」の金額を加減算して書き写す（下のポイントをチェック！）

ポイント

借方同士、または貸方同士なら足し算！
「整理記入欄」の金額が「残高試算表欄」と同じ側なら、加算して記入する。

貸借が逆なら引き算！
「整理記入欄」の金額が「残高試算表欄」と反対側なら、減算して残高がある側に記入する。

「整理記入欄」の借方と貸方の両方に記入がある場合は、どうしたらいいですか？

その場合は、足し算と引き算を両方します。右の表上から5番目の「繰越商品」を確認してください

精算表

費用はこっち / 収益はこっち / 資産はこっち / 純資産はこっち / 負債はこっち

勘定科目	残高試算表 借方	残高試算表 貸方	整理記入 借方	整理記入 貸方	損益計算書 借方	損益計算書 貸方	貸借対照表 借方	貸借対照表 貸方
現金	400,000						400,000	
現金過不足		5,000	⊖ 5,000					
当座預金	2,000,000						2,000,000	
売掛金	250,000						250,000	
繰越商品	20,000		⊕ 10,000	⊖ 20,000			10,000	
車両運搬具	1,000,000			⊖ 250,000			750,000	
買掛金		200,000						200,000
短期借入金		800,000						800,000
預り金		20,000						20,000
資本金		1,500,000						1,500,000
売上		7,275,000				7,275,000		
仕入	4,000,000		⊕ 20,000	⊖ 10,000	4,010,000			
給料手当	2,000,000				2,000,000			
旅費交通費	50,000				50,000			
水道光熱費	50,000				50,000			
支払保険料	30,000			⊖ 10,000	20,000			
	9,800,000	9,800,000						
貸倒引当金				5,000				5,000
貸倒引当金繰入			5,000		5,000			
減価償却費			250,000		250,000			
前払費用			10,000				10,000	
雑収入				5,000		5,000		
(合計)			300,000	300,000				

0になるため、記入はしない

「貸倒引当金」は資産グループだけどマイナスを示すから貸方にあるんだね※

STEP ❹へ ラストスパート！

※「貸倒引当金」の仕訳はp154をチェック。

STEP ④ 「当期純利益」を計算して、できあがり！

「損益計算書欄」「貸借対照表欄」の各科目欄に金額を記入したら、**最後に「当期純利益」を計算しましょう。**ここでは「損益計算書欄」をもとに「当期純利益」を計算する方法を説明します

当期純利益の計算方法

貸方の合計（収益） − 借方の合計（費用） = 当期純利益

借方合計（費用）のほうが金額が大きい場合は、「当期純損失」となる。

check! ▶p27

計算した「当期純利益」はどこに記入すればいいですか？

勘定科目の一番下に「当期純利益」を加え、「損益計算書欄」の借方と「貸借対照表欄」の貸方に金額を記入します。間違いがなければ、それぞれの欄の借方合計と貸方合計が一致して、完成です

one point

「貸借対照表欄」からも「当期純利益」を計算できる

上では「損益計算書欄」で「当期純利益」を計算する方法を説明しましたが、「貸借対照表欄」をもとに計算することもできます。計算式は【「借方合計（資産）」−「貸方合計（負債＋期首純資産）」＝「当期純利益」】。期首純資産は右表の場合「資本金」にあたります。

精算表

勘定科目	残高試算表 借方	残高試算表 貸方	整理記入 借方	整理記入 貸方	損益計算書 借方	損益計算書 貸方	貸借対照表 借方	貸借対照表 貸方
現金	400,000						400,000	
現金過不足		5,000	5,000					
当座預金	2,000,000						2,000,000	
売掛金	250,000						250,000	
繰越商品	20,000		10,000	20,000			10,000	
車両運搬具	1,000,000			250,000			750,000	
買掛金		200,000						200,000
短期借入金		800,000						800,000
預り金		20,000						20,000
資本金		1,500,000						1,500,000
売上		7,275,000				7,275,000		
仕入	4,000,000		20,000	10,000	4,010,000			
給料手当	2,000,000				2,000,000			
旅費交通費	50,000				50,000			
水道光熱費	50,000				50,000			
支払保険料	30,000			10,000	20,000			
	9,800,000	9,800,000						
貸倒引当金				5,000				5,000
貸倒引当金繰入			5,000		5,000			
減価償却費			250,000		250,000			
前払費用			10,000				10,000	
雑収入				5,000		5,000		
当期純利益					895,000			895,000
（合計）			300,000	300,000	7,280,000	7,280,000	3,420,000	3,420,000

借方（費用）の合計 6,385,000円

貸方（収益）の合計 7,280,000円

当期純利益の金額を「損益計算書欄の借方」と「貸借対照表欄の貸方」に記入する※

合計額は一致する

当期純利益は
7,280,000円 − 6,385,000円 ＝
895,000円

ついに完成したよー！

※当期純損失の場合は貸借を逆にして「損益計算書欄の貸方」と「貸借対照表欄の借方」に記入する。

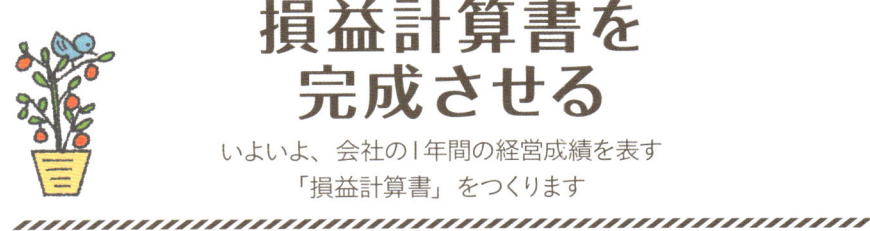

決算書の作成①
損益計算書を完成させる

いよいよ、会社の1年間の経営成績を表す「損益計算書」をつくります

■すべての「収益」と「費用」を一覧表にする

「損益計算書」は、その期間すべての「収益」と「費用」を示し、会社の利益（あるいは損失）を表す決算報告書。**「精算表」の「損益計算書欄」（収益と費用の項目）をもとに少し調整を加えれば、あっという間に完成します。**

決算の手続きをまとめた一覧表（→p166〜175）。

「収益」「費用」グループは「損益計算書欄」に集結しています

精算表の「損益計算書欄」をベースに整理する

精算表

勘定科目	残高試算表 借方	残高試算表 貸方	整理記入 借方	整理記入 貸方	損益計算書 借方	損益計算書 貸方	貸借対照表 借方	貸借対照表 貸方
売上		7,275,000				7,275,000		
仕入	4,000,000		20,000	10,000	4,010,000			
給料手当	2,000,000				2,000,000			
旅費交通費	50,000				50,000			
水道光熱費	50,000				50,000			
支払保険料	30,000			10,000	20,000			
	9,800,000	9,800,000						
貸倒引当金				5,000				5,000
当期純利益					895,000			895,000
（合計）			300,000	300,000	7,280,000	7,280,000	3,420,000	3,420,000

やったー、できた！仕上げは簡単でしたね

会社名、会計期間などを記入する

「売上」を「売上高」に変える

損益計算書

Meow花店　　〇年4月1日～●年3月31日

費用	金額	収益	金額
売上原価	4,010,000	売上高	7,275,000
給料手当	2,000,000	雑収入	5,000
旅費交通費	50,000		
水道光熱費	50,000		
支払保険料	20,000		
貸倒引当金繰入	5,000		
減価償却費	250,000		
当期純利益	895,000		
	7,280,000		7,280,000

「仕入」を「売上原価」に変える

「当期純利益」は費用グループの下に入れる

左の合計と右の合計は一致する

会計期間の会社のもうけがわかる

〈損益計算書〉

費用／収益／利益

はじめに説明した「損益計算書」と同じ形になったニャ

check! ▶p27

この「勘定式」の損益計算書に対して実務で多く使われるのは「報告式」。次のページで紹介しますね

PART5 ▶ 年に一度の総まとめ 決算の手続き

詳しく知りたい

損益計算書（報告式）の基本フォームと見方

これが「報告式」の基本フォーム

実務では下のような形式で整えられます。上から順に、本業での収益と費用、本業以外の収益と費用、臨時の収益と費用で、各段階の利益を確認できます。損益計算書は英語でProfit and Loss statement。P/L（ピーエル）ともいわれます。

損益計算書

本業による「収益・費用」
- Ⅰ 売上高　　　　　　　　　○○○
- Ⅱ 売上原価　　　　　　　　○○○
-   売上総利益　　　　　　　○○○ ─ A
- Ⅲ 販売費および一般管理費　○○○
-   営業利益　　　　　　　　○○○ ─ B

本業以外による「収益・費用」
- Ⅳ 営業外収益　　　　　　　○○○
- Ⅴ 営業外費用　　　　　　　○○○
-   経常利益　　　　　　　　○○○ ─ C

臨時に起こった「収益・費用」
- Ⅵ 特別利益　　　　　　　　○○○
- Ⅶ 特別損失　　　　　　　　○○○
-   税引前当期純利益　　　　○○○ ─ D
-   法人税等　　　　　　　　○○○
-   当期純利益　　　　　　　○○○ ─ E

5つの利益でもうけの中身がわかる

Ⓐ おおまかな利益
「売上高」から「売上原価」を引いたもの。「粗利」ともいわれる。

Ⓑ 本業の利益
「売上総利益」から「販売費および一般管理費」を引いたもの。

Ⓒ 会社の活動による利益
財テクなど本業以外の損益を合わせた利益。「ケイツネ」ともいう。

Ⓓ 税引前の利益
予測できない火災や不動産の売却などを含め、すべての収益からすべての費用を引いた利益。

Ⓔ 税引後の利益
税金を差し引いた最終的な会社の利益。

> 上から下へ見ていけば、どうやって利益を得たのかよくわかるね

> p177ページの勘定式の損益計算書を報告式に変えるとこうなります

損益計算書

Ⅰ 売上高		7,275,000
Ⅱ 売上原価		4,010,000
売上総利益		3,265,000
Ⅲ 販売費および一般管理費		
1. 給料手当	2,000,000	
2. 旅費交通費	50,000	
3. 水道光熱費	50,000	
4. 貸倒引当金繰入	5,000	
5. 減価償却費	250,000	
6. 支払保険料	20,000	2,375,000
営業利益		890,000
Ⅳ 営業外収益		
1. 雑収入		5,000
Ⅴ 営業外費用		
経常利益		895,000
Ⅵ 特別利益		0
Ⅶ 特別損失		0
税引前当期純利益		895,000
法人税等		0
当期純利益		895,000

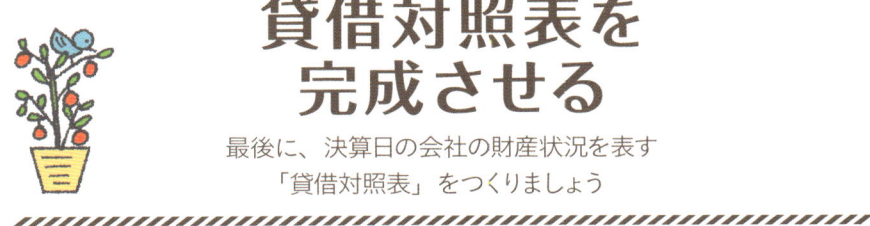

決算書の作成②
貸借対照表を完成させる

最後に、決算日の会社の財産状況を表す「貸借対照表」をつくりましょう

■すべての「資産」「負債」「純資産」を集めてつくる

「貸借対照表」は、決算時点で会社がもつ「資産」「負債」「純資産」から財産状況を表す決算報告書。**「精算表」の「貸借対照表欄」（「資産」「負債」「純資産」の項目）をもとに**、貸借対照表を作成してみましょう。

「資産・負債・純資産」グループは「貸借対照表欄」に集まっています

決算の手続きをまとめた一覧表（→p166〜175）。

精算表の「貸借対照表欄」をベースに整理する

精算表

勘定科目	残高試算表		整理記入		損益計算書		貸借対照表	
	借方	貸方	借方	貸方	借方	貸方	借方	貸方
現金	400,000						400,000	
現金過不足		5,000	5,000					
当座預金	2,000,000						2,000,000	
売掛金	250,000						250,000	
繰越商品	20,000		10,000	20,000			10,000	
車両運搬具	1,000,000			250,000			750,000	
買掛金		200,000						200,000
当期純利益					895,000			895,000
（合計）			300,000	300,000	7,280,000	7,280,000	3,420,000	3,420,000

PART5 ▼ 年に一度の総まとめ 決算の手続き

「貸倒引当金」は資産グループだから左側にするんだね

そう。だから合計金額が精算表とは違うのよ

「繰越商品」は「商品」に変える

「当期純利益」は資本金の下（純資産の部）に忘れずに入れる

会社名、会計期間などを記入する

貸借対照表

Meow花店　　●年3月31日　　　　　　　　　　　　　（単位：円）

資産の部	金額	負債の部	金額
現金	400,000	買掛金	200,000
当座預金	2,000,000	短期借入金	800,000
売掛金	250,000	預り金	20,000
貸倒引当金	△5,000	負債合計	1,020,000
商品	10,000	純資産の部	
車両運搬具	750,000	資本金	1,500,000
前払費用	10,000	当期純利益	895,000
		純資産合計	2,395,000
資産合計	3,415,000	負債＆純資産合計	3,415,000

「貸倒引当金」は、金額をマイナスにして（△マークを入れる）、「売掛金」の下に入れる

左側の合計と右側の合計は一致する

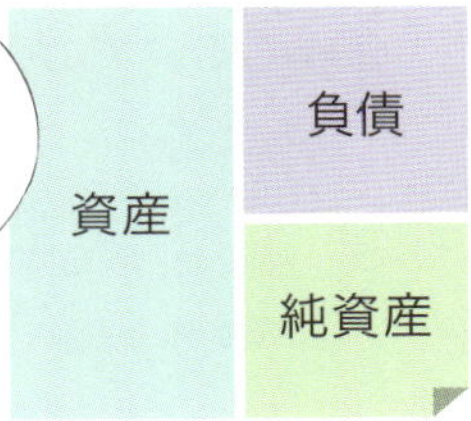

check! ▶p23
これも、「貸借対照表」の説明図と同じ形になったニャ 

決算時点の会社の財産がわかる

〈貸借対照表〉

| 資産 | 負債 |
| | 純資産 |

詳しく知りたい

貸借対照表の基本フォームと見方

「貸借対照表」は6つのブロックに分かれるニャ

実際は下のように、資産は大きく3つ、負債は2つのブロックに分かれ、上からお金になりやすい順に勘定科目が並びます。貸借対照表は英語でBalance Sheet、B/S（ビーエス）ともいいます。

貸借対照表

資産の部		負債の部	
A 流動資産※	〇〇〇	**D** 流動負債※	〇〇〇
		E 固定負債※	〇〇〇
B 固定資産※	〇〇〇	負債合計	〇〇〇
		純資産の部	
		F 純資産	〇〇〇
C 繰延資産	〇〇〇	純資産合計	〇〇〇
資産合計	〇〇〇	負債＆純資産合計	〇〇〇

one point

決算の書類を読むときは……

　決算の書類を読むときは、1枚だけ見ても情報は読み取れません。前期、前々期の決算書類と比べたり、ライバル社と比べたりすることで、必要な情報を読み取るのです。
　決算の書類をつくるのと、それを読むのには、別の力が必要。別途、勉強するとおもしろいですよ。

※流動資産＆負債、固定資産＆負債にどんな勘定科目が含まれるかは、p46からの早わかり表をチェック！

6ブロックに分けてチェック

A もうすぐお金になる資産
現金や預金、売掛金や受取手形など、決算日から1年以内に換金できる資産は、「流動資産」のくくりに記載されます。流動資産の多い会社は、支払能力が高いといえます。

B 会社が長く保有する資産
1年以上にわたって利用する資産は「固定資産」のくくりで記載されます。建物や車、土地などの有形固定資産や、特許権やのれんなどの目に見えない（無形）固定資産など。

C 価値のない見込みの資産
創立費や開発費など、本来なら費用として扱えるものですが、その効果が将来にわたって続くために資産にするものは「繰延資産」のくくりで記載されます。

D 早めに返済すべき負債
決算日から1年以内に返済しなくてはならない負債は「流動負債」のくくりで記載されます。買掛金や支払手形、短期借入金、未払金など。

E ゆっくり返済できる負債
負債のなかでも、支払い義務が1年を超えて残っているものは「固定負債」というくくりに記載されます。社債や長期借入金など。負債全体を指して、「他人資本」ということも。

F 純粋な財産。でも実体はない
資本金や資本準備金、利益剰余金など、株主から出資してもらったお金や、会社がもうけて貯めたお金はここに記載。負債の「他人資本」に対し、「自己資本」ともいわれます。

> 資産、負債、純資産、くまなくチェックが必要ですね

> 損益計算書や他の決算書類も一緒に見るといいですよ

簿記の道はまだまだ続く！

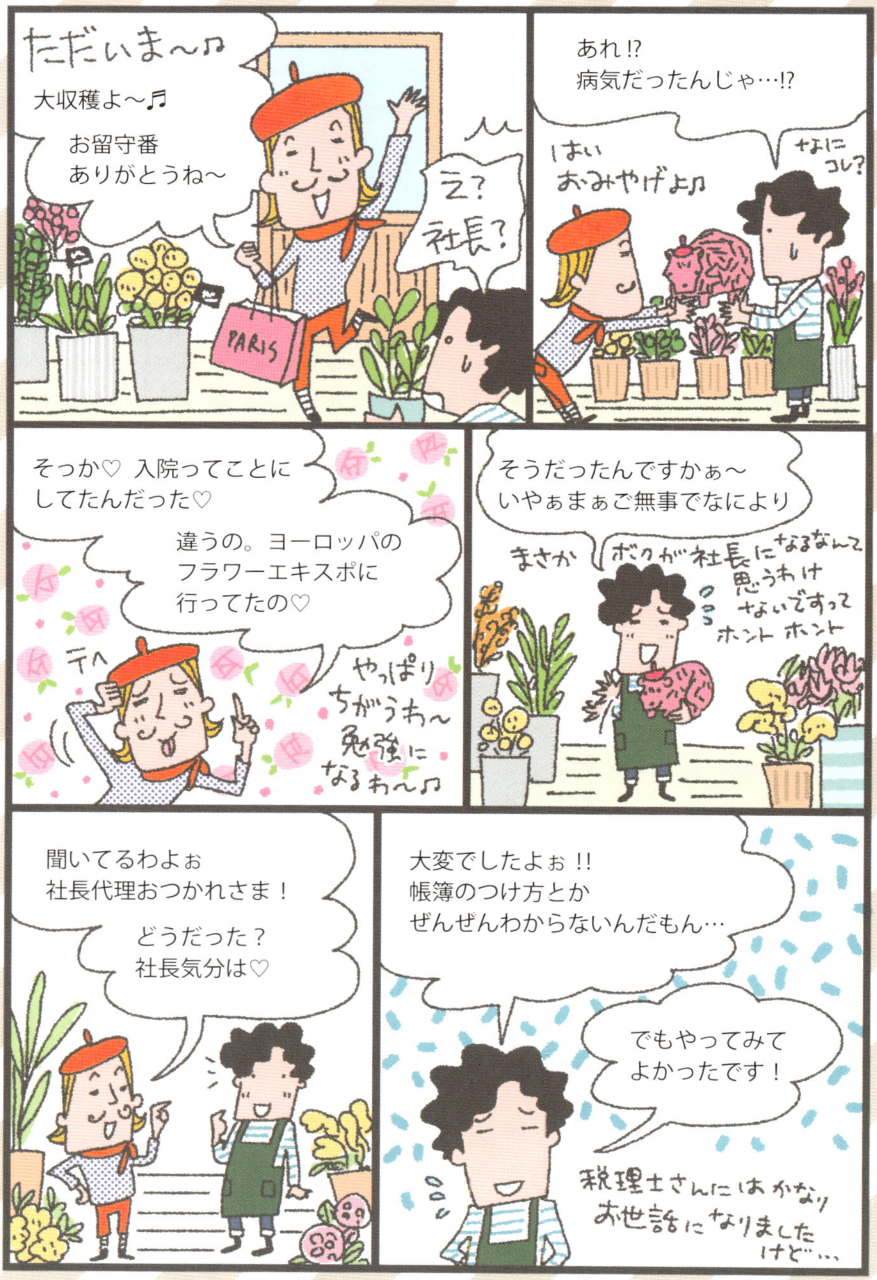

経費のこととか考えると
節約しなくちゃいけないなぁって
思ったし
ムダのないように
まだ使える
仕入れも、原価を考えると
好き勝手なものを
買うわけにはいかないし
う〜ん…スキだけど
うちのお客さんは買わないな…
今月？来月？
支払い方法によっては
決算に影響が出るし…
あと…
簿記もわかるようになってきたし
興味もわいてきたから、
検定を受けてみようかなぁって
えへへ
たのもしいわ！
あら
むぎゅ
じつは、店舗を拡大する
ことにしたの！
それならあたらしいお店
任せられそうね！
ねっ♪
ボク⁉
これからますます
忙しくなるわね〜
簿記の世界はまだまだ入り口よ！
これからもしっかり
サポートするからがんばってね！
はいっ!!

お役立ち用語集

> ひとこと解説でスッキリわかるニャ

あ

● **相手勘定科目**（あいてかんじょうかもく）
取引を仕訳したとき、一方の勘定科目から見て反対側にある勘定科目のこと。

● **受取人**（うけとりにん）
小切手や手形を受け取った人（企業）のことを指す。

● **内金**（うちきん）
商品を売り買いするときに、前もって支払うまたは受け取る代金の一部。

● **売上原価**（うりあげげんか）
実際に売り上げた分（売上高）に対する仕入原価。

● **売上高**（うりあげだか）
商品の販売やサービスの提供で稼いだ合計金額。会社のスケールがわかる。

か

● **会計期間**（かいけいきかん）
決算書をつくるために区切った期間。基本的に1年間で区切る会社が多い

● **額面**（がくめん）
小切手や手形などの有価証券に記載された金額のこと。

● **掛**（かけ）
代金をあと払いにすること。いわゆる「ツケ」。

● **貸方**（かしかた）
複式簿記における右側のこと。帳簿や決算報告書でも右側が「貸方」。

● **貸倒れ**（かしだおれ）
将来、回収するはずだったお金が回収できなくなること。

● **株式**（かぶしき）
資金を調達するために株式会社が発行する証券。

● **株主**（かぶぬし）
株式を所有している人や会社のこと。

● **借方**（かりかた）
複式簿記における左側のこと。帳簿や決算報告書でも左側が「借方」。

● **勘定**（かんじょう）
簿記で取引を記録するための形式、単位。略した「勘定科目」を指すことも。

● **勘定科目**（かんじょうかもく）
簿記で取引を記録するときに使うグループの名称。

● **決算**（けっさん）
一定期間のもうけや損を計算し、その時点での財産状況をまとめること。

● **小切手**（こぎって）
銀行を介して代金の支払いや受け取りができる有価証券。

さ

●**債権**（さいけん）
特定の相手（企業）から、代金等を受け取ることができる権利。

●**債務**（さいむ）
特定の相手（企業）に対して、代金等を支払わなくてはならない義務。

●**次期**（じき）
いまの会計期間（当期）の1つあとの会計期間。翌期ともいう。

●**実際有高**（じっさいありだか）
会社の金庫等、会社の手元に実際にある現金額。

●**支払人**（しはらいにん）
手形や小切手の金額を支払う義務のある人（企業）のこと。

●**取得原価**（しゅとくげんか）
ある資産を購入するのにかかった費用。購入価格に付随費用を加えた額。

●**証券**（しょうけん）
一定の権利や義務を証明する文書のこと。

●**諸口**（しょくち）
仕訳をしたとき、借方、貸方のどちらかに2つ以上の勘定科目があること。

●**仕訳**（しわけ）
複式簿記で、取引を2つに分け左右に振り分けて記録すること。

●**前期**（ぜんき）
いまの会計期間（当期）よりも1つ前の会計期間のこと。

●**損益**（そんえき）
もうけと損。簿記では、「費用・収益」グループの各勘定のことも指す。

た

●**貸借**（たいしゃく）
「借方」と「貸方」のことをまとめて指す。

●**耐用年数**（たいようねんすう）
固定資産ごとに、何年間使用に耐えられるか設定された年数。

●**帳簿**（ちょうぼ）
会社の取引を記録するノート。仕訳帳、総勘定元帳など種類はいろいろ

●**手形**（てがた）
「○日に○円を支払います」と明記された証券。

●**転記**（てんき）
帳簿や伝票の記載内容を別の帳簿に書き写すこと。

● **伝票**（でんぴょう）
取引を1つ1つ記録するための用紙。ノート式の仕訳帳より使い勝手がいい。

● **当期**（とうき）
現在の会計期間のこと。

● **当座預金**（とうざよきん）
預金の一種。預金の出し入れが自由で無利息。手形や小切手を発行できる。

● **取引**（とりひき）
簿記で記録する対象になる会社のさまざまな経済活動のこと。

は

● **振り替え**（ふりかえ）
ある勘定科目を別の勘定科目に修正するために勘定間で金額を移すこと。

● **振出人**（ふりだしにん）
手形や小切手を発行した人（企業）のこと。

● **振り出す**（ふりだす）
手形や小切手などを作成して相手に渡す（発行する）こと。

● **簿記**（ぼき）
帳簿に取引を記録すること。一般に、会社が使用する「複式簿記」を指す。

ま

● **満期日**（まんきび）
手形に記載された支払期日。

● **見越し**（みこし）
当期の分で、まだ支払いや受け取りをしてない費用や収益を調整すること。

や

● **有価証券**（ゆうかしょうけん）
株券や社債、国債など、換金できる価値のある証券のこと。

ら

● **利益**（りえき）
収益から費用を引いた残りが利益。損益計算書では利益を内容によって5通りに分けている（→p178）。

● **利息**（りそく）
お金を借りたり貸したりしたとき、対価として一定の割合で支払うまたは受け取る金銭等。

わ

● **割引**（わりびき）
満期日前の手形を銀行等に譲渡し、手数料等を引いた金額で換金すること。

勘定科目＆キーワード さくいん

赤色：仕訳例を紹介しているページ

あ

- 預り金 ……………………… 50、118
- 受取手形 ……………… 47、78、80
- 受取手形記入帳 ………… 141、143
- 受取配当金 ……………………… 52
- 受取家賃 …………………… 52、162
- 受取利息 …………………… 52、107
- 売上 …………………… 52、70、72
- 売上原価 ……………………… 152
- 売上総利益 …………………… 178
- 売上高 ………………………… 178
- 売上帳 …………………… 141、143
- 売上伝票 ……………………… 131
- 売掛金 …………………… 47、76
- 売掛金元帳 …………………… 141
- 営業利益 ……………………… 178

か

- 買掛金 …………………… 49、74
- 買掛金元帳 ……………… 141、142
- 会議費 …………………… 54、88
- 会計期間 ………………………… 16
- 掛 ………………………… 74、76
- 貸方 ……………………………… 40
- 貸倒れ ………………………… 154
- 貸倒損失 ………………………… 55
- 貸倒引当金 ……………… 47、154
- 貸倒引当金繰入 ………… 55、155
- 貸付金 …………………… 47、106
- 株式 …………………………… 104
- 借入金 …………………… 49、108
- 仮受金 …………………… 50、116
- 借方 ……………………………… 40
- 仮払金 …………………… 47、114
- 為替手形 ………………………… 78
- 勘定科目 ………………… 36、46
- 間接法 ………………………… 157
- 器具・備品 ……………… 48、98
- 期首 ……………………………… 16
- 起票 …………………………… 131
- 寄付金 …………………………… 90
- 期末 ……………………………… 17
- 逆仕訳 …………………………… 72
- 給料手当 ………………… 54、85
- 繰越商品 ……………………… 152
- 繰越利益剰余金 ………… 51、120
- 繰り延べ ……………………… 160
- 決算 ……………………………… 17
- 決算書 …………………………… 19
- 決算整理 ……………………… 149
- 決算業務 ……………………… 148
- 減価償却費 ……………… 55、156
- 減価償却累計額 ………… 48、158
- 現金 ……………… 47、60、63
- 現金過不足 ……………… 62、159
- 現金出納帳 ……………… 141、142
- 研修費 …………………… 55、89
- 合計残高試算表 ……………… 151
- 広告宣伝費 ……………… 54、92
- 交際費 …………………… 54、90
- 構築物 …………………… 48、98
- 交通費 …………………… 54、94
- 小切手 …………………………… 64
- 国債 …………………………… 104
- 小口現金 ………………………… 47
- 小口現金出納帳 ……………… 141

189

固定資産	98
固定資産除却損	55
固定資産売却益	53、102
固定資産売却損	55、101

さ

財務諸表	19
雑収入	53、159
雑損失	55
雑費	55
3伝票制	131
三分法	69
仕入	54、68
仕入先台帳	141
仕入帳	141、142
仕入伝票	131
資産	21、22、46
試算表	150
支払手形	49、82
支払手形記入帳	141
支払手数料	54
支払保険料	54、161
支払家賃	54
支払利息	55
資本金	51、120
資本準備金	51、120
借地権	48、99
車両運搬具	48、98、100、158
収益	25、26、52
修繕費	54
出金伝票	131、132
取得価額	157
主要簿	127
純資産	21、22、51
商品	47、152
商品有高帳	141、142

消耗品費	54、96、165
諸会費	54
仕訳	40
仕訳帳	127、128
水道光熱費	54、164
精算表	166
総勘定元帳	127、136、138
租税公課	54
損益計算書	19、26、176、178

た

貸借対照表	19、22、180、182
耐用年数	157
立替金	47、115
建物	48、98
単式簿記	14
帳簿	14、127
直接法	157
貯蔵品	47、165
賃借料	54
通勤費	94
Tフォーム	40
定額法	157
手形	78、80、82
手形の裏書	80
手形の割引	81
手形売却損	81
転記	136
伝票	130
当期	16
当期純損失	174
当期純利益	174
当座預金	47、64
当座預金出納帳	141、143
得意先台帳	141
土地	48、98

| 特許権 | 48、99 |
| 取引 | 32、34 |

な

入金伝票	131、133
値引	73
のれん	48、99

は

販売促進費	93
B／S	182
P／L	178
費用	25、26、53
複式簿記	14、38
福利厚生費	54、86
負債	21、22、49
振替伝票	131、134
分記法	69
返品	72
法定福利費	86
簿記	12、14
補助簿	127、140

ま

前受金	50、112
前受収益	50、162
前払金	47
前払費用	47、161
見越し	160
未収金	47
未収収益	47、163
未払金	50、110
未払費用	50、164
元入金	121

や・ら・わ

約束手形	78
有価証券	47、104
有価証券売却益	53、104
有価証券売却損	55、104
利益	25、26、178
利益準備金	51、120
旅費交通費	54、94
割戻	73

参考資料

『経理の教科書１年生』宇田川敏正監修（2014, 新星出版社）
『スッキリわかる日商簿記３級第６版』滝澤ななみ著（2014, TAC出版）
『世界一わかりやすい！　勘定科目と仕訳のキホン』駒井伸俊著（2009, 秀和システム）
『とある会社の経理さんが教える　楽しくわかる！　簿記入門』東山穣著（2014, 日本実業出版社）
『はじめての人の簿記入門塾』浜田勝義著（2005, かんき出版）
『簿記入門の入門』辻敢、久保まゆみ共著（2013, 税務研究会出版局）
『簿記の教科書１年生』宇田川敏正監修（2014, 新星出版社）
『マンガでわかる！　はじめての簿記入門』添田裕美著（2011, 西東社）
国税庁ホームページ　　https://www.nta.go.jp
日本商工会議所ホームページ　http://www.kentei.ne.jp/bookkeeping

監修者
今村 正（いむら まさし）

千代田パートナーズ税理士法人代表社員税理士。昭和22年生まれ。昭和52年、税理士今村会計事務所開設。前東京富士大学非常勤講師（所得税・法人税担当）。著書に『歯科医院経営安定化のためのプログラム』『歯科医院経営の再生良法』『歯科医のための節税トクホン』『歯科医のための節税まいにち』『歯科医院経営のリスクファクター』『QA110番 歯科医院【経営・税務・法律】のソリューション』（共著・共編含む、いずれもデンタルダイヤモンド社）、監修書に『知識ゼロからの決算書の読み方』『知識ゼロからの簿記・経理入門』『知識ゼロからの相続税』（ともに幻冬舎）、『図解いちばんやさしく丁寧に書いた青色申告の本』『株・FX・投資信託 一番トクする確定申告』（ともに成美堂出版）、『日本一やさしい決算書の学校』（ナツメ社）などがある。

千代田パートナーズ税理士法人
東京都千代田区内神田1-14-5 NK内神田ビル3F　Tel.03-3233-1988

編集協力	オフィス201
本文デザイン	工藤亜矢子・伊藤 悠（OKAPPA DESIGN）
本文イラスト	すぎやまえみこ
校正	滄流社
カバーデザイン	マルブデザイン
編集担当	遠藤やよい（ナツメ出版企画）

ナツメ社Webサイト
http://www.natsume.co.jp
書籍の最新情報（正誤情報を含む）はナツメ社Webサイトをご覧ください。

オールカラー 数字が苦手な人のための簿記「超」入門

2015年 7月 6日 初版発行
2020年 6月 1日 第12刷発行

監修者	今村 正（いむら まさし）	Imamura Masashi,2015
発行者	田村正隆	

発行所　株式会社ナツメ社
　　　　東京都千代田区神田神保町1-52　ナツメ社ビル1F（〒101-0051）
　　　　電話　03 (3291) 1257（代表）　FAX　03 (3291) 5761
　　　　振替　00130-1-58661

制　作　ナツメ出版企画株式会社
　　　　東京都千代田区神田神保町1-52　ナツメ社ビル3F（〒101-0051）
　　　　電話　03 (3295) 3921（代表）

印刷所　ラン印刷社

ISBN978-4-8163-5854-8　　　　　　　　　　　　　　　　Printed in Japan

〈本書に関するお問い合わせは、上記、ナツメ出版企画株式会社までお願いいたします。〉
〈定価はカバーに表示してあります〉
〈落丁・乱丁本はお取り替えいたします〉
本書の一部または全部を著作権法で定められている範囲を超え、ナツメ出版企画株式会社に無断で複写、複製、転載、データファイル化することを禁じます。